MARGEN

Lucas Leys

Margen
Lucas Leys
Publicado por especialidades625® © 2022
Dallas, Texas.

ISBN 978-1-946707-69-7

Todas las citas bíblicas son de la Nueva Biblia Viva (NBV) a menos que se indique lo contrario.

Editado por: María Gallardo
Diseño de portada e interior: Creatorstudio.net

*A Valeria, mi inmerecida esposa y mejor amiga.
Como te dije el día que te propuse matrimonio,
no puedo imaginar mi vida sin ti. Pasar más y mejor
tiempo a tu lado fue también mi motivación
para explorar y aplicar el tema de este libro.*

Tabla de contenido:

1. Una vida sin margen 7

2. El problema no es estar ocupados 15

3. El lado oscuro 33

4. La nueva realidad 55

5. Volcanes 77

6. Redefiniciones 91

7. Administrando tu energía 109

8. El manejo de la angustia 129

9. La palabra mal entendida 145

10. Libertad 161

Bibliografía consultada 171

1

UNA VIDA SIN MARGEN

En marzo de 2020 millones de personas se dieron cuenta de que vivían sin margen. En los siguientes meses, al quedarse sin empleo, muchos despertaron a la inoportuna realidad de que no tenían ahorros. Otros descubrieron que al perder su ritmo de distracciones no tenían una vía de escape a su irritabilidad, y algunos otros, que su vida espiritual y la de su familia eran demasiado frágiles como para sobrevivir sin la supervisión continua de pastores y líderes espirituales y, de hecho, fue por desacostumbrarse a eso por lo que tantos comenzaron a dejarla escapar.

Demasiadas personas se encontraron con que vivían por encima de sus posibilidades o intentando impresionar a fantasmas imaginarios o a personas intrascendentes en sus vidas. Otros se dieron cuenta de que no estaban continuamente cansados por las actividades, sino por no saber administrar su renuevo, su foco, energía, tiempo o finanzas para vivir con resto físico, emocional y espiritual, y así aprendimos que los factores externos no son la única causa de los resultados que obtenemos y con los que vivimos. En demasiadas ocasiones, estos solo desnudan lo que ya venía ocurriendo en la realidad. De hecho, demasiados de estos resultados son consecuencia de nuestra reacción ante los acontecimientos y no de los acontecimientos en sí mismos. Algunos de esos eventos y circunstancias lo que hicieron fue sacar a la luz una realidad que ya estaba ahí, aunque escondida; y otros resultados fueron la sutil pero certera consecuencia de hábitos inconscientes que nos llevaron hasta allí y de corregirlos se trata este libro.

Creo que muchos de los dolores y conflictos que nos autoprovocamos surgen por vivir siempre al filo del momento, al límite de nuestras energías y de nuestras capacidades.

Vivir sin margen.

Sin espacio para prevenir, actuar o corregir el rumbo.

Sin margen para promover nuestro crecimiento y desarrollo, y para descubrir nuestras fortalezas.

Sin un centímetro de más que nos permita cargar nada adicional.

Sin suficiente distancia para evitar un choque.

Ahora bien, déjame aclararte de entrada que, aunque estoy escribiendo este pequeño libro con la intención de ayudarte a dar un paso radical de madurez, no lo hago porque tenga el tema totalmente resuelto en mi vida. La mayoría de los buenos libros se escriben porque el autor intenta decir algo que cree que un gran número de personas necesitan saber. Otros, porque quien escribe ve algo y desea que los lectores lo vean también. Y otros *se escriben*, porque el autor mismo está intentando descubrir y afirmar algo para sí, y creo que en este libro combino los tres intereses, aunque te confieso con bastante seguridad que

SI MÁS PERSONAS VIVIMOS MEJOR, MÁS PERSONAS SE BENEFICIARÁN COMO CONSECUENCIA DE NUESTRAS DECISIONES.

el último es el que mejor describe desde dónde te comparto lo que vas a leer a continuación.

Yo estoy trabajando en aprender más sobre este tema porque necesito un mayor margen. Es decir, un espacio más amplio entre mis aspiraciones y responsabilidades y aun mis límites. Ya he descubierto que para elaborarlo con salud, es indispensable hacer un inventario preciso de cuáles son nuestras cargas y dónde están nuestros límites y sé que lo que vas a leer no necesariamente te va a gustar, pero estoy completamente seguro de que te va a ayudar.

Así que, definitivamente, no escribo este libro porque me crea en la cima de una vida con margen y quiera echarte el hombro para ayudarte a subir porque a mí no me cueste hacerlo. Lo escribo porque me encontré con esta perla de gran precio en mi vida que ya ha hecho una gran diferencia, y mientras sigo aprendiendo de ella, me muero de ganas de ayudarte a que subas conmigo hacia esa cima que vamos a explorar en estas páginas, porque va a ser bueno para ambos. Como ya he escrito en otros de mis libros, hace unos años entendí que tu éxito colabora con el mío, y que si más personas vivimos mejor, más personas se beneficiarán como consecuencia de nuestras decisiones.

Seguramente desde el inicio de la pandemia en 2020 escuchaste hablar mucho acerca de la inmunidad de rebaño o colectiva, cuya idea básica es que si suficientes de nosotros superamos una enfermedad, ayudamos a que el virus que la causó pierda su capacidad de contagiar. Con esto sucede algo parecido, y por eso quiero ayudarte para que me ayudes y juntos ayudemos a muchas más personas a vivir con margen. Y sí, abuso de la palabra ayudar porque creo que es un concepto maravillosamente divino que nos hace más humanos.

VIVIR SIN MARGEN ES VIVIR ANSIOSOS.

VIVIR SIN MARGEN ES SURFEAR LAS REDES SOCIALES Y LA WEB POR HORAS SIN SABER POR QUÉ NI PARA QUÉ.

VIVIR SIN MARGEN ES GASTAR MÁS DINERO DEL QUE TE INGRESA.

El diagnóstico

Vivir sin margen es estar cansados crónicamente.

Vivir sin margen es apurarnos porque tenemos que apurarnos, y no porque queremos apurarnos.

Vivir sin margen es vivir ansiosos.

Vivir sin margen es surfear las redes sociales y la web por horas sin saber por qué ni para qué.

Vivir sin margen es gastar más dinero del que nos ingresa.

Vivir sin margen es tener que servir en vez de desear hacerlo.

Vivir sin margen es lo que se está tragando tu vida y tu potencial, y perjudicando a otras personas en tu círculo de influencia.

Y de remediar eso trata este libro.

2

EL PROBLEMA NO ES ESTAR OCUPADOS

En algunos escenarios de la iglesia anglosajona de los últimos años, se ha estado hablando mucho en contra de estar ocupados. Si te invitara a escuchar muchas de las conferencias que he presenciado, oirías acerca de la importancia de mantener una actitud relajada, a punto tal que podrías cargarte de culpa incluso por ser obediente a lo que Dios te ha confiado y encomendado, o por hacer lo que debes hacer para ser responsable con tu vida.

Yo creo que esta es una de esas típicas reacciones dialécticas que, por su abuso, luego terminan limitando e incluso atacando su uso. Es como la prohibición del vino en iglesias de países donde el alcoholismo ha hecho estragos, o la prohibición del baile en ámbitos cristianos donde mover el cuerpo al ritmo de la música se relaciona automáticamente con una sexualidad desordenada, y espacios en los que se incita a las adicciones, ya que esas características salen a la luz casi automáticamente en ese contexto social.

El caso es que en la Iglesia de las últimas décadas, muchos pastores y líderes cristianos terminaron quemados, con vidas sin balance y matrimonios y familias a la deriva, y la razón de ello no fueron los vicios o tentaciones externas sino el darle lugar a un activismo ministerial desenfrenado por lo que la reacción de algunos ha sido, naturalmente, irse al extremo opuesto, dando a entender que si haces muchas cosas es porque no tienes control, estás en pecado y tu vida va directo a una colisión.

Claro, en otros sectores de la Iglesia la tendencia de pensamiento es exactamente la opuesta y la espiritualidad se sigue evaluando según la cantidad de actividades que realices. Como si la madurez cristiana fuera proporcional a la cantidad de reuniones, eventos y ministerios en los que te involucres, y la productividad no tuviera que ver con los resultados sino solamente con el esfuerzo.

Pero déjame por ahora enfocarme en la primera tendencia.

El mensaje de detenernos hace eco en el inconsciente colectivo de casi todos los contextos urbanos de hoy en día, ya que el activismo no es un problema único de los ministros, sino también de el de muchas personas que viven con un vértigo constante por hacer y lograr cada vez más cosas, con lo que se termina llenando la agenda de todos los miembros de la familia, sin espacio alguno para el descanso. El trabajo, el estudio, las redes sociales, la iglesia local, los deportes, las posibilidades de entretenimiento, las amistades... Los diferentes aspectos de la vida humana compiten por nuestra atención, y esa interacción permanente produce un gran desgaste.

Y repitamos, esto no es exclusivo de los cristianos, sino que es propio de la cultura de nuestro tiempo. Pero es algo que se ha infiltrado con matices oscuros en la vida de muchos cristianos, que viven incluso con mayores cargas que muchos no cristianos porque, además de todo lo demás, deben ocuparse de sus ministerios y de hacerlo con las mejores emociones posibles.

¿No te parece injusto?

Por eso entiendo el énfasis de esos mensajes que te mencioné al comenzar este capítulo. No tengo dudas de que quienes los comparten tienen buenas intenciones, y también creo que a muchos de sus oyentes les resulta extremadamente útil escuchar estas ideas que a todos en algún momento nos conviene recordar. De hecho, algunas de las que considero que son las mejores te las voy a compartir desde mi propia perspectiva en las siguientes páginas.

Sin embargo…
Creo que aquellos de mis hermanos que insisten con esas ideas suelen perder de vista dos premisas fundamentales que quiero resaltar de entrada para que al analizar cómo crear un mayor margen en nuestras vidas, lo hagamos desde un punto de partida sólido, con raíces de convicción, y no desde la superficialidad de la culpa.

La primera es que:

1. Dios quiere que estemos ocupados.

Y la segunda:

2. No todos tenemos la misma capacidad de mayordomía a la hora de balancear responsabilidades diferentes.

Son simples, *¿verdad?* Pero te aseguro que también son increíblemente poderosas y liberadoras.

Por supuesto que en unas páginas vamos a hablar del descanso y de que muchos de nosotros debemos aprender con urgencia a decir que no y a no dejarnos gobernar por las urgencias (y cómo hacerlo) porque debemos contrarrestar también la segunda tendencia de pensamiento que mencionamos antes, pero estas dos premisas que te acabo de compartir quieren decir más de lo que posiblemente ahora te imagines.

El trabajo no es un castigo

La primera premisa, que dice que Dios quiere que *sí* estemos ocupados, tiene un trasfondo teológico fundamental: el trabajo no fue un castigo de Dios a Adán y Eva como consecuencia de su desobediencia.

Quizás no lo hayas escuchado con esas mismas palabras, pero te aseguro que la idea de que el trabajo es un castigo de Dios ha estado presente en la teología judeocristiana por muchos siglos (y en particular ha sido enfatizada por la teología católica, sin que la protestante reparara demasiado en sus consecuencias). Hace unos años me topé con una cita de un artículo del *New York Times* escrito por Tim Kreider, que decía que *"los puritanos habían convertido al trabajo en una virtud a pesar de que la Biblia enseña que Dios lo diseñó como un castigo".*[1]

Me llamó tanto la atención en ese momento leer esto que me puse a investigar de dónde venía tal afirmación. Lo primero que hice fue buscar el artículo y leerlo completo, y me di cuenta de que esta era una versión "secular" de las advertencias de algunos predicadores pero, curiosamente, tenía también el germen de una presuposición teológica equivocada.

Vamos al texto bíblico sin intermediarios. Lo primero que Dios les encarga a Adán y Eva en Génesis 1:27-28 está redactado así:

"Y Dios creó al ser humano a su imagen; lo creó a imagen de Dios. Hombre y mujer los creó, y los bendijo con estas palabras: «Sean fructíferos y multiplíquense; llenen la tierra y sométanla; dominen a los peces del mar y a las aves del cielo, y a todos los reptiles que se arrastran por el suelo»".

(Génesis 1:27-28, NVI)

1*Busy Trap* (La Trampa de la Ocupación). Tim Kreider. New York Times, Junio 30, 2012.

Podríamos comenzar diciendo que multiplicarse es un trabajo, aunque suena a broma porque obviamente también demanda el precio del placer sexual. Pero no hay manera alguna de someter la tierra y todo lo que hay en ella sin un trabajo esforzado. Lo mismo podemos notar en el segundo relato de la creación, en el capítulo siguiente:

"Entonces Dios el SEÑOR formó de la tierra toda ave del cielo y todo animal del campo, y se los llevó al hombre para ver qué nombre les pondría. El hombre les puso nombre a todos los seres vivos, y con ese nombre se les conoce. Así el hombre fue poniéndoles nombre a todos los ANIMALES domésticos, a todas las aves del cielo y a todos los animales del campo…".

(Génesis 2:19-20, NVI)

En otras palabras, Dios hizo lo que nosotros no podíamos hacer, pero ya de entrada nos pidió que nosotros hiciéramos lo que sí teníamos la capacidad de realizar.

La idea equivocada de que el trabajo es una consecuencia de la caída viene de leer las palabras del capítulo siguiente sin leer los dos capítulos anteriores, y sin tomar en cuenta todo el resto de las referencias al trabajo que tenemos en el texto bíblico. Lee con atención lo que dice Génesis capítulo 3:

"Al hombre le dijo: «Por cuanto le hiciste caso a tu mujer, y comiste del árbol del que te prohibí comer, ¡maldita será la

tierra por tu culpa! Con penosos trabajos comerás de ella todos los días de tu vida. La tierra te producirá cardos y espinas, y comerás hierbas silvestres. Te ganarás el pan con el sudor de tu frente, hasta que vuelvas a la misma tierra de la cual fuiste sacado...»".

(Génesis 3:17-19, NVI)

Como ves, lo que Dios ahora advierte que sucederá como consecuencia del pecado *no* es el trabajo, sino un montón de dificultades extras. La creación caída ahora estará enferma y producirá cardos y espinas, y el hombre y la mujer crearán sus propias maldiciones como fruto de su desconfianza.

El trabajo es bueno. El trabajo dignifica a quien trabaja y da fruto de su esfuerzo a las otras personas que Dios ama, lo cual no solo beneficia a esas personas, sino que también glorifica a Dios. Es vital comprender esta premisa para no trabajar con ninguna culpa inconsciente o creyendo que el problema a solucionar sea el estar ocupados.

Capacidades y temporadas

Ahora abordemos la segunda idea que suelen perder de vista quienes insisten en hablar en contra de las muchas ocupaciones como si ellas fueran las únicas responsables de nuestros desbalances. Aquí hay dos cosas que comprender. Por un lado, que no todos tenemos la misma energía ni las mismas capacidades de administración. Por el otro, que no todos estamos en la misma etapa de nuestra existencia, y que nuestras capacidades cambian según la cronología de nuestras vidas.

La realidad práctica es que no todas las personas superocupadas han lastimado a sus familias o se han tirado desde un balcón. No todos los CEOs de grandes multinacionales tienen problemas matrimoniales, y no todos los pastores de mega iglesias con actividades continuas en sus congregaciones tienen una relación inexistente con sus hijos.

Claro, otros sí, ¡y aun con muchas menos ocupaciones! Por eso es tan importante dejar bien claro desde el inicio que el camino hacia aumentar nuestro margen no es igual para cada uno de nosotros.

En los próximos capítulos voy a compartir contigo algunas ideas que ya he aplicado en mi propia vida, y otras que estoy en proceso de aplicar porque recién ahora *me toca* hacerlo. *¿Te sorprende la afirmación?* Es que una verdad es siempre verdad sin importar si aún no la hemos vivido, y es vital entender eso para poder anticipar pasos con sabiduría.

En el libro *Stamina* escribí un capítulo completo acerca de una vida balanceada, titulado "No está en el medio", y de hecho te confieso que fue la gran cantidad de amigos que me agradecieron específicamente por ese capítulo lo que también me animó a escribir este libro acerca del margen y a comenzar la trilogía de pequeños libros de la que es parte. Les digo amigos, literalmente, porque no fueron solamente los lectores los que me lo mencionaron en las redes sociales o al verme personalmente, sino también amigos cercanos, incluyendo a reconocidos ministros, quienes me escribieron especialmente para agradecerme y me animaron a seguir escribiendo sobre esto.

La premisa de ese capítulo es vital para este libro también, y sé que tanto si ya leíste *Stamina* como si aún no lo hiciste (en cuyo caso, te animo a que lo hagas) te hará muy bien meditar sobre esta idea, y es la siguiente: el equilibrio no siempre está en el 50% entre la actividad y el descanso, sino en entender cuándo es el tiempo de cada cosa, porque tanto el trabajo como el descanso son encargos de Dios para nosotros. Lo mismo pasa con otras cosas, por ejemplo, con nuestros gastos, la inversión y el ahorro, pero por ahora sigamos con la idea del descanso y el trabajo porque allí está la base de todo.

Nuevamente, recurrimos a la teología bíblica como punto de partida para llegar a donde vamos:

En el relato del Génesis se nos dice que Dios descansó.

Mastica esto por un rato antes de continuar.

¿Lo ves? Así como leímos que Dios le dio trabajo al ser humano inmediatamente después de crearlo, también vemos que le enseñó acerca del descanso. Mira este texto:

"Al llegar el séptimo día, Dios descansó porque había terminado la obra que había emprendido. Dios bendijo el séptimo día, y lo santificó, porque en ese día descansó de toda su obra creadora".

(Génesis 2:2-3, NVI)

Y por si a alguien le quedaba alguna duda de que el descanso es también importante para nosotros, ¡resulta que es nada más y nada menos que uno de los Diez Mandamientos!

"Trabaja seis días, y haz en ellos todo lo que tengas que hacer, pero el día séptimo será un día de reposo para honrar al SEÑOR tu Dios...".

(Éxodo 20:9-10, NVI)

Este mandamiento fue tan fuerte para los judíos que su práctica se fue extendiendo, a tal punto que muchos la reconocen como el precedente de que en la actualidad haya en casi todos los países del mundo al menos un día de descanso laboral. Y claro, luego fue "cristianizado", incluyendo el practicarlo el día de la resurrección de Cristo, que fue un domingo, aunque todavía hay cristianos que insisten en que debe ser el sábado por leer la palabra hebrea תבש (sabbath) de manera literal, perdiendo de vista que su sentido original es simplemente "descanso" y no un nombre de un día de la semana del calendario romano, que es como lo entendemos hoy en día (eso del calendario sucedió un montón de siglos después, aunque si es la preferencia de tu comunidad, no me hago demasiado problema porque creo que justamente lo más importante es entender lo que significa, cuál es su beneficio y cómo aplicarlo, más que en qué día exacto hacerlo).

Pero volviendo a nuestra premisa, lo que quiero mostrarte es que la mentira más común acerca del equilibrio es pensar que siempre se encuentra en la mitad de las cosas. En el "cincuenta y cincuenta". En no darle "todo" al trabajo sino darle "algo" a la familia, o al revés. *¿Notas dónde está la mentira?* El balance no consiste en darle un poco a cada cosa para que ninguna se caiga, sino en darle toda la atención necesaria a cada una en el momento oportuno y con la plena intencionalidad de hacerlo. A todo lo que es importante debemos darle el 100% de nuestra atención, comenzando por nuestra familia, porque ese siempre será nuestro primer ministerio. Por eso los líderes que disfrutan vidas significativas a largo plazo son aquellos que han sabido proteger sus prioridades y han podido darle la atención necesaria a cada cosa en el momento apropiado, controlando el estrés y la tentación de estar pensando al mismo tiempo en otras cosas que no son oportunas. Todo lo que es importante se merece nuestra atención indivisible en el tiempo apropiado. *¿Quieres un par de ejemplos de cómo aplicar este principio?* Tener el teléfono apagado cuando estás en la mesa con tu familia, y mirar a los ojos a tus hijos cuando te están contando algo que es importante para ellos.

El gran problema consiste en que muchas veces *estamos sin estar*. Por eso, recuerda: ocuparse no es lo mismo que ocuparse bien.

También escribí en *Stamina* que los líderes inmaduros usan más energía en verse bien que en ser mejores, y mucha de esa energía es ansiedad desperdiciada en impresionar a personas pasajeras en lugar de a las que son realmente importantes (comenzando por Dios y siguiendo por aquellos con quienes convivimos). En un siguiente capítulo vamos a analizar más profundamente el origen de ese deseo, pero por ahora déjame describir brevemente este deseo inconsciente.

Esa ansiedad produce que las personas llenen sus vidas de ocupaciones innecesarias y, sobre todo, de un estrés innecesario y adictivo. Por eso insisto con la idea de que no todo tiene que ver con la cantidad de ocupaciones que tengas sino con tu habilidad para administrarlas y a la vez, con tu capacidad de conducir sabiamente tus emociones.

Hay gente que se siente ocupada haciendo exactamente *nada* con su tiempo (como la gran cantidad de personas, e incluso líderes, que hoy se sienten ansiosos como efecto de haber sido subyugados por las redes sociales).

Lo mismo sucede con la necesidad de aparentar lo que no se tiene. *¿De dónde viene eso?* Fíjate que el problema no es gastar dinero en cosas que necesitamos, o incluso en cosas que simplemente nos gustan. Lo que debemos analizar es por qué consideramos que las necesitamos, y pensar en si nos hacen gastar dinero que no tenemos o invertir tiempo que deberíamos darle a otra cosa.

Vuelvo a confesarte que yo mismo sigo aprendiendo de todos estos dilemas, y que son también mis luchas tanto como pueden ser las tuyas.

Por eso te invito a bajar juntos al siguiente escalón: analizar la raíz.

Los diferentes aspectos de la vida humana compiten por nuestra atención, y esa interacción permanente produce un gran desgaste.

Dios hizo lo que nosotros no podíamos hacer, pero ya de entrada nos pidió que nosotros hiciéramos lo que sí teníamos la capacidad de realizar.

Una verdad es siempre verdad sin importar si aún no la hemos vivido, y es vital entender eso para poder anticipar pasos con sabiduría.

El equilibrio no siempre está en el 50% entre la actividad y el descanso, sino en entender cuándo es el tiempo de cada cosa.

3

EL LADO OSCURO

Si el problema de fondo no es el estar ocupados, *¿cuál es el problema entonces?*

Antes de escribir cada uno de mis libros, compro y leo un montón de libros que tengan alguna relación con el tema que quiero tratar. En general no hay ninguno que hable exactamente de lo mismo (y por eso me interesa escribir sobre ese tema), pero siempre encuentro algunos que se relacionan con alguna de las partes que van a componer los capítulos de mi libro. Lo he hecho desde el primer libro que escribí, y este hábito ha ido en aumento a lo largo de los años, empujándome a leer más para escribir menos.

¿Por qué hago esto? Porque creo que un libro debe ser el resultado de un proceso serio de investigación, para justamente tener un aporte inédito que brindar al mundo. Un libro nuevo no debería decir lo que ya se dijo, sino agregar algo que no se encuentre en ningún otro. Y, según yo lo veo, es preferible que no sea solo la experiencia en la propia piel del escritor. Los libros solamente testimoniales suelen caer en el error de dar a entender que lo que Dios hizo con una persona o con determinada situación es lo que Dios hará siempre. Por eso, prefiero que lo testimonial sirva como ilustración de principios, y no que los aparentes principios surjan solo desde lo testimonial, porque entonces no son necesariamente principios sino solo conclusiones personales basadas en una experiencia (este es un ejemplo en el que el orden de los factores sí altera al producto).

Cuando uno estudia teología bíblica, al final se acaba dando cuenta de que la simple narrativa nunca es normativa, y de que incluso con la Biblia no es prudente hacer doctrina a partir de solo una historia. La Iglesia ha sufrido toda clase de abusos y limitaciones por no entender esto.

Así que para este libro también trabajé en armar una colección de libros de referencia, y mientras iba leyendo noté que la proporción de libros seculares que había encontrado sobre estos temas era extremadamente superior a la proporción de libros cristianos que había disponibles sobre la administración del tiempo, el enfocarse, el dinero y la energía. Esto me hizo preguntarme si los cristianos le prestamos la suficiente atención a estos aspectos o no. Claro, hay que reconocer que sobre cualquier tema hay muchos más libros seculares que cristianos, y que el tema de este libro es de interés para todos los seres humanos y no solo para los cristianos. Pero, de todos modos, a mí me quedó esa inquietud…

NINGÚN SER HUMANO BUSCA AL VERDADERO DIOS POR SU PROPIA INCLINACIÓN NATURAL, PORQUE VENIMOS AL MUNDO ESPIRITUALMENTE MUERTOS.

Otra cosa que me llamó la atención fue que, aunque al leer estos libros encontré muchas ideas e ilustraciones útiles (y otras tantas fantasiosas o trilladas), ninguno llegaba en realidad al *backstage* de los problemas. A todos les faltaba algo: el verdadero origen de la ansiedad. En otras palabras:

¿Qué motiva la falta de margen?

En algunos de los libros cristianos claro que encontré menciones al pecado. Sin embargo, debo decirte que en general la mención era acerca de "los pecados" y no acerca del pecado en sí. *¿Cuál es la diferencia?* Bueno, ¡hay una gran diferencia entre "los pecados" en plural y "el pecado" en singular!

"Los pecados", en plural, son usualmente acciones y, algunas veces, pensamientos o emociones.

"El pecado", en singular, es el origen.

Es una condición.

Es un monstruo interior que continuamente quiere salir.

Desde adentro

Quien deja controlar su lengua por la envidia, o su tiempo por las redes sociales... El hombre joven que se divorcia porque cree no poder controlar sus tentaciones… La joven universitaria que se rinde luego de algunos malos exámenes... La persona que se ocupa de su trabajo muy por encima de lo que es sano… El líder exitoso que "de repente" le es infiel a sus valores y a su familia... Todos ellos tienen algo en común que tú y yo tenemos también: un corazón engañoso.

No te enojes conmigo. Lo dice Jeremías 17:9 en tu Biblia (fíjate si no me crees).

La Nueva Biblia Viva (NBV) lo dice así: *"Nada hay tan engañoso ni tan absolutamente perverso como el corazón. Nadie es capaz de conocer a fondo su maldad"*. Y lo puedes leer en la versión que gustes, que seguirá siendo como el cachetazo de Will Smith a Chris Rock en aquella entrega de los Oscars.

La crisis mundial provocada por el COVID-19 dejó en evidencia la verdadera y eterna pandemia: la del egoísmo (disfrazado de libertad, autonomía e independencia) que emerge de un corazón engañoso, a costa del otro y de nosotros mismos.

Espero no ofenderte (o sí), pero te aseguro que es con amor que lo digo... Durante todo el proceso de la crisis sanitaria del COVID-19 me costó mucho entender a aquellos cristianos que insistían en hablar acerca de sus libertades sin mostrar siquiera un atisbo de interés por proteger a otros, al menos por cortesía. Claro que entendía que las distintas medidas nos afectaban de maneras diferentes, y claro que siempre hay espacio para discutir cuáles son las más convenientes y eficaces. Pero si algo tiene al menos un diez por ciento de eficacia en proteger al otro, o al menos así lo hace sentir, y a mí no me perjudica en nada concreto que no sea comerme mis palabras anteriores, entonces creo que claramente la opción cristiana es la humildad y el amor al prójimo. *¿Por qué costó tanto practicar esto entre cristianos en algunos rincones de la sociedad?*

El mismo problema que tenía Darth Vader lo tienes tú y lo tengo yo. Hay un lado oscuro que nos llama. Y no, no soy de los que ven una conexión directa entre la narrativa de las películas de Star Wars y el cristianismo con el tema del Espíritu Santo, porque la tercera persona de la Trinidad es una persona, y no esencialmente una fuerza, y no tiene un lado malo y uno bueno, sino que es siempre santo. Sin embargo, la historia de Anakin Skywalker convirtiéndose en el gran villano de la saga, y que luego trata de redimirse, tiene algunos puntos de contacto con todos nosotros. Si le damos el trono de nuestras vidas al corazón (y la cultura moderna continuamente nos evangeliza y discipula para que hagamos eso), esa fuerza engañosa va a controlarnos, va a sabotear nuestro potencial de vida y va a robarnos el genuino amor al prójimo, la paz interior y el significado.

Por siglos, el arte de todas las civilizaciones ha retratado esta lucha, y nuestros ojos la han visto en la historia del Dr. Jekyll y el Señor Hyde, en los conflictos de Elsa en Frozen, en los superhéroes de Marvel y en mi favorito, Batman.

La doctrina de la naturaleza humana

Muchos profesores del Seminario Teológico Fuller tuvieron

un gran impacto en mi vida durante mis años de estudio e investigación en esa institución californiana. Algunos dirían que fue como que se alinearon los planetas, porque pasé por las aulas con algunos de los mejores profesores que cualquier institución de posgrado pudiera querer tener. Allí pude tomar cursos con Eugene Peterson, Dallas Willard, Miroslav Volf, Lewis Smedes, Bobby Clinton, Richard Foster, David Augsburger y tantos otros que son considerados los mentores directos e indirectos de un montón de escritores y líderes cristianos mucho más conocidos que vinieron después. Por supuesto, aprendí muchas cosas al escucharlos, y sobre todo al observarlos de cerca. Pero una de las disciplinas que noté que ellos citaban continuamente, y de la que no hubiera esperado escuchar hablar antes de conocerlos, era la antropología.

La antropología estudia a la humanidad, sus asociaciones del presente y del pasado, y las diversas culturas y formas de organización e interacción que ha creado. ¡Y la Biblia es uno de sus recursos históricos más extraordinarios! Por eso existe la antropología bíblica, la cual continuamente saca al descubierto una doctrina muy explorada en los años siguientes a la reforma protestante, pero mayormente olvidada en las últimas décadas que se trata de la "doctrina de la depravación total".

Esta doctrina hoy suena a anatema. Suena conspirativa, políticamente incorrecta y contracultural. Porque lo que dice es que el ser humano únicamente merece su destrucción, y por eso, si no tiene problemas, se los busca.

Escuchar o leer acerca de esta doctrina le suena rarísimo a quienes se acostumbraron a escuchar mensajes continuos de "tú puedes", "eres un campeón" o "decláralo que lo lograrás", y a todos aquellos que absorbimos desde la cuna que el propósito de la vida es ser felices.

Y es que la Biblia tiene otro diagnóstico. Pablo dice en Romanos 3:10-12 **que en el mundo entero no hay un solo terrícola que sea justo**, ni uno solo que entienda o que busque a Dios. Muchas personas se encuentran en la búsqueda de cosas que tendemos a asociar con Dios, como la religión, la paz interior, un estado de consciencia o la felicidad. Pero ningún ser humano busca al verdadero Dios por su propia inclinación natural, porque venimos al mundo espiritualmente muertos (Efesios 2:1).

Jesús mismo dijo en Juan 6:44 que *"Nadie puede venir a mí si el Padre que me envió no lo trae..."*. Es imposible venir a Dios sin que Él nos llame porque, como explica Pablo en Romanos 8:7, todo lo que surge de nuestra naturaleza no regenerada es enemistad contra Dios, de tal manera que no queremos ni podemos sujetarnos a la ley de Dios.

Desde el primer pecado cometido en el huerto del Edén, el hombre quiere ser su propio Dios, por lo cual es imposible para nosotros, en nuestra naturaleza humana, humillarnos y someternos al Dios vivo y verdadero. Por la misma razón es que, aunque a la humanidad entera le pueda atraer el concepto de "margen", no va a ser posible ganarlo sin lágrimas y sin una avasallante cuota de la gracia de Dios.

LA ACUMULACIÓN DESENFRENADA DE COSAS Y OCUPACIONES PARA DEMOSTRAR NUESTRO ÉXITO PERSONAL ES IDOLATRÍA.

De esto se trata la doctrina de la corrupción radical, históricamente llamada "doctrina de la depravación total".

El paso siguiente es comprender que esta impotencia humana no significa que cada uno de nosotros seamos víctimas en las manos de un Dios cruel que nos pide hacer algo que Él sabe de antemano que no podemos hacer. *¿Por qué?* Porque luego de obtener una nueva naturaleza en Cristo mediante la regeneración o el nuevo nacimiento (Juan 3:1-21) pasamos a ser ramas de su parra, y ahora contamos con su savia y somos más fuertes conectados a Él y a las otras ramas (Juan 15:1-17).

Lo que Pablo explica en sus famosos dichos a los corintios acerca de la nueva naturaleza en Cristo (2 Corintios 5:17) no significa que perdimos la capacidad de pecar, sino que ganamos la capacidad de no hacerlo. El Espíritu Santo nos da esa capacidad potenciando el uso de nuestro intelecto, y por eso creo que somos justamente los cristianos los que tenemos la mayor ventaja para vivir vidas balanceadas y con resto emocional y espiritual a pesar de las épocas desafiantes que nos toque enfrentar.

Quienes ponemos nuestra fe en el regalo de la cruz, reconociendo nuestra naturaleza pecaminosa y arrepentidos de sus consecuencias que son los pecados (en plural), recibimos una nueva naturaleza de manera instantánea. A eso nos referimos cuando hablamos de "conversión". La "santificación", en cambio, es el proceso por el cual Dios nutre esa nueva naturaleza desde el nuevo nacimiento hasta su adultez, lo que nos permite ir ampliando nuestra capacidad de margen con el pecado a medida que pasa el tiempo, aunque siempre debemos monitorear nuestro corazón para que el lado oscuro no nos engañe y nos haga perder ese margen tan crucial.

Mentiras

La acumulación desenfrenada de cosas y ocupaciones para aparentar éxito es egoísmo. Hmmm… lo digo más fuerte: la acumulación desenfrenada de cosas y ocupaciones para demostrar nuestro éxito personal es idolatría. O, para ser más precisos, egolatría.

No es ambición ministerial santa ni una virtud, aunque reciba elogios y aplausos de tu entorno. Es pecado disfrazado de buenas intenciones, que emerge de un corazón que necesita ser monitoreado y que no se desintoxica solamente agregando buenos hábitos de administración y gestión. Eso ayuda, por supuesto, y de eso se van a tratar los siguientes capítulos. Pero si no entendemos y atacamos esta enfermedad de raíz, Darth Vader seguirá conquistando nuestra galaxia.

En Romanos 7:7-25, Pablo exhibe esta batalla que ruge continuamente, incluso en personas espiritualmente maduras como él:

> *"Yo no me entiendo a mí mismo, porque no hago lo que quiero, sino lo que aborrezco".*

Y luego dice sin pelos en la lengua que esto es el resultado del pecado que vive en él:

> *"De manera que no soy yo el que lo hace. Es el pecado*

> *que está dentro de mí. Yo sé que en mi vieja naturaleza no hay nada bueno. Pues aunque quiero hacer lo bueno, no puedo. Cuando quiero hacer el bien, no lo hago; y cuando trato de no hacer lo malo, lo hago de todos modos. Entonces, si hago lo que no quiero hacer, está claro cuál es el problema: es el pecado que vive en mí". (v. 17-20)*

Luego aclara que no es porque él no se deleite en la ley de Dios, sino que ve otra ley obrando en sus miembros, y esta se rebela contra la ley de sus convicciones:

> *"Así que, queriendo hacer el bien, me enfrento a esta ley: el mal vive en mí. En mi interior, quisiera obedecer la voluntad de Dios, pero me doy cuenta de que en los miembros de mi cuerpo hay otra ley, que es la ley del pecado. Esta ley está en guerra contra mi mente, y me tiene cautivo".*

¡Este es un ejemplo bíblico clarísimo de que tenemos dentro nuestro a las dos entidades, y sirve para eliminar cualquier duda con respecto a que la batalla será real para cada uno de nosotros a lo largo de nuestras vidas!

Sí. Los cristianos tenemos dos naturalezas en conflicto (la vieja y la nueva), y Pablo destaca que la naturaleza necesita renovarse continuamente y ser estimulada, nutrida, protegida, y sobre todo creída, como base de nuestra nueva identidad en Cristo (Colosenses 3:10).

Esta es la razón por la que Pablo insiste en desafiarnos a hacer morir las obras del cuerpo (Romanos 8:13), a atacar aquello que hace que un cristiano peque (Colosenses 3:5), y a dejar de lado pecados tales como la ira y la malicia, que suelen incubar un montón de otros pecados (Colosenses 3:8).

Esta renovación, por supuesto, es un proceso. Aunque la lucha contra el pecado es constante, ya no estamos bajo el control del pecado (Romanos 6:6). Somos una *"nueva criatura"*, o una *"nueva creación"* en Cristo (2 Corintios 5:17), y es Cristo quien finalmente nos *"...libertará de la esclavitud de esta mortal naturaleza pecadora..."* (Romanos 7:24-25). (Te cito tantos versículos y aclaro estas verdades ahora porque ellas son las columnas que sostendrán firmemente lo que hablaremos en los siguientes capítulos).

AUNQUE LA LUCHA CONTRA EL PECADO ES CONSTANTE, YA NO ESTAMOS BAJO EL CONTROL DEL PECADO.

Lo cierto es que todo el mundo peca, pero cuando somos los cristianos los que lo hacemos, ¡las reacciones hacen la milla extra! La cultura dice que somos hipócritas y usa nuestro pecado para justificar el suyo. Otros cristianos ven nuestros pecados como prueba de que ni siquiera somos salvos. Y las personas que nos juzgan de manera más brutal... solemos ser nosotros mismos.

Todo esto nos empuja a creer varias mentiras que sabotean nuestro margen, y quiero desenmascarar aquí algunas porque es el primer paso para derrotarlas. Aquí van…

MENTIRA 1: Perfeccionismo espiritual

En todo el texto bíblico se nos desafía a vivir en santidad, y hasta en Mateo 5:48 se nos dice que seamos perfectos. Sin embargo, esto contrasta con nuestra naturaleza, así que debemos preguntarnos qué es lo que de verdad Dios pretende y cómo lograrlo.

Unos podrán pensar que la clave obvia es bajar el estándar, pero yo no creo que allí esté la solución. Creo que está en sanar nuestra motivación. Por ejemplo, si la búsqueda de santidad es para ganar el favor de Dios, será siempre una batalla perdida. Pablo te lo explica así: *"...nadie puede alcanzar el favor de Dios por obedecer la ley, pues mientras mejor conocemos la ley de Dios más nos damos cuenta de que somos pecadores"* (Romanos 3:20). ¡Por eso es vital desarrollar una doctrina bíblica de la gracia!

Hablemos claro: el favor de Dios no se lo gana nadie. Solo se recibe por gracia, confiando en que Jesús fue suficiente. La santidad cristiana no tiene que ver con la culpa sino con el agradecimiento (escribí un libro titulado *Diferente* que trata acerca de esto, por si te suena muy descarada la idea).

Me encanta la definición que hace Charles Swindoll de lo que es la justificación. El reconocido presidente del Seminario Teológico de Dallas, en donde estudió mi esposa y es autor de tantos libros, dice que:

> *"La justificación es el acto soberano de Dios por el cual Él declara justo al pecador creyente mientras él o ella todavía están en un estado de pecado".*

Cuando creemos en Jesús, Dios no nos *hace* justos. Él nos *declara* justos y hay un abismo entre una idea y la otra.

Seguimos siendo pecadores, por lo cual no estamos libres de las tentaciones del pecado, pero los méritos de Cristo derriten el hielo de un corazón congelado, y la motivación detrás de la búsqueda de santidad cambia por completo. Antes era por temor; ahora es por amor. Y esa motivación redimida detiene la ansiosa actividad de quien busca desesperadamente ser amado, porque ahora sabe que eso ya está establecido por la declaración de Dios.

MENTIRA 2: Dios no está conmigo

Esta mentira lleva la falsa suposición de la MENTIRA 1 al siguiente nivel. Dice que, debido a que no vives una vida perfecta como deberías, entonces Dios está furioso contigo y nunca fuiste salvo (quizás no sea tu caso el creer esta mentira, pero igual te conviene saber que existe y qué hay detrás).

Esta mentira se rebate con la siguiente verdad: así como no pudimos salvarnos a nosotros mismos y necesitábamos de la gracia de Dios para la salvación (Efesios 2:8-9), así también la necesitamos para la santificación (Filipenses 1:6), porque tampoco podemos vivir la vida cristiana con nuestras propias fuerzas. Por lo tanto, pecar no es algo que desactiva la salvación, sino que es una prueba de que aún no estamos terminados. Estamos en proceso, y Dios irá perfeccionando su obra en nosotros hasta el día en que Jesucristo regrese.

El apóstol Juan nos recuerda que mentimos si decimos que no tenemos pecado, y que Jesús es nuestro sacrificio expiatorio por esa misma razón (1 Juan 1:8; 2:1). La verdad esperanzadora es que nuestra batalla contra el pecado es una gran evidencia de que el Espíritu de Dios está obrando en nuestra vida. Además, el Nuevo Testamento nos instruye constantemente a los cristianos a que luchemos contra el pecado, por lo que debemos entender que es una experiencia normal y no un síntoma de que Dios no está con nosotros.

Porque, a fin de cuentas, aunque nosotros somos infieles, Él sigue siendo fiel (2 Timoteo 2:13).

Dios nunca abandona a sus hijos.

LA SANTIDAD CRISTIANA NO TIENE QUE VER CON LA CULPA SINO CON EL AGRADECIMIENTO.

MENTIRA 3: ¿Para qué intentarlo si es mi naturaleza?

Si bien es cierto que nunca estarás libre de la tentación o del impulso de tu corazón hacia el pecado, ¡experimentar victorias es posible!

La libertad de elección es parte de lo que Dios hizo en los seres humanos como expresión del haber sido hechos a su imagen y semejanza. Dios creó a Adán y Eva con la capacidad de elegir (Génesis 2:16-17), y la tentación expone una elección más que todos tenemos. Por eso Pablo escribe esto:

> *"No dejen que el pecado domine su cuerpo mortal; no lo obedezcan siguiendo sus malos deseos. No entreguen ninguna parte de su cuerpo*

al pecado para que se convierta en instrumento del mal. Más bien, entréguense por completo a Dios, como quienes ya han muerto y han vuelto a vivir. Y preséntenle sus miembros como instrumentos para la justicia. ¡Que el pecado no vuelva a dominarlos! Ya no estamos atados a la ley; ahora vivimos bajo la gracia de Dios".

(Romanos 6:12-14)

Dios no nos liberó de la esclavitud del pecado para que nos sometiéramos nuevamente a los grilletes del pecado (Gálatas 5:1).

La libertad de elección tiene un propósito: expresar amor mediante la obediencia.

MENTIRA 4: Ya crucé la línea de no retorno

Una de las frustraciones que más afligen a los cristianos es el hecho de que sabemos muy bien que muchos de los pecados que cometemos lo son, y sin embargo los cometemos de todos modos. El diablo aprovecha esto para estancarnos, susurrándonos al oído la mentira que nos dice que, por pecar tanto o tan gravemente, hemos cruzado un punto sin retorno en nuestra relación con el Señor.

En realidad, esta mentira proviene de nuestro orgullo. No

hay pecado, NINGÚN PECADO, demasiado grande para el perdón de Dios. Y tu pecado, sea cual sea, no es una excepción.

El pecado puede tener consecuencias para toda la vida, claro, pero la gracia de Dios siempre ofrece una nueva oportunidad. Y tienes la promesa de que, al confiar en Jesús, quien murió por tus pecados, Dios ya te ha aceptado.

Por tanto, no hay ninguna condenación para los que están en Cristo Jesús (Romanos 8:1). Punto.

En otras palabras, como decía John Wesley, podemos confiar en que la gracia de Dios es siempre más poderosa que el pecado, aunque eso no significa que podemos ignorarlo o ser irresponsables con él. Vivir una vida con margen es mucho más fácil cuando reconocemos de dónde emerge la ansiedad que nos empuja al activismo, a la esclavitud de las apariencias y a la improductividad. Y el primer paso para trabajar esa vida es hacer morir de hambre a nuestra vieja naturaleza.

4

LA NUEVA REALIDAD

El autor del libro bíblico de Eclesiastés se llama a sí mismo *"Predicador, hijo de David y rey en Jerusalén"* (Eclesiastés 1:1), y por eso tradicionalmente atribuimos la escritura de este libro al sabio Salomón. Allí él incluye ese viejo adagio poético que dice que no hay nada nuevo bajo el sol (Eclesiastés 1:9). Pero claro, Salomón no tenía idea de que un día existiría Internet...

En la actualidad hay teléfonos que interconectan nuestros mundos como nunca sucedió antes, y estamos permanentemente expuestos a información, desinformación, publicidades y opiniones que llegan a nosotros por las decisiones de algoritmos de inteligencia artificial. Eso es lo que sucede cada vez que buscas algo en Internet y luego te ofrecen más de lo mismo para que sigas mirando según "tus intereses", o cuando te aparecen publicidades de algo de lo que simplemente estuviste hablando. Esto no es ciencia ficción, sino la tecnología puesta en práctica para nuestro uso. *¿O será que es al revés?*

Yo me crié en un mundo en el que lo más pornográfico que llegaba a los ojos de mi niñez era la voluptuosidad de Yayita, la mujer eternamente admirada por Condorito (un personaje de caricaturas importado desde Chile en aquel entonces). Pero el mundo ha dado un salto cuántico en los últimos años. La curva de exposición a todo tipo de influencias dejó de ser gradual y se disparó hacia arriba como una línea recta en medio de nuestra historia. Y con ella han subido nuestras ansiedades, no solo por la sobreexposición a lo malo, sino por algunos efectos colaterales de la sobreexposición a lo bueno de otros, y también por algunas conductas antes inexistentes y ahora socialmente aceptables.

Cultura *selfie*

Analizar la ansiedad no es tan simple como comentar una película. Demasiado seguido la confundimos con un estrés pasajero, o con una enfermedad mental. Pero existe una clara diferencia entre la lucha contra la ansiedad que debemos aprender a controlar, y el trastorno de salud mental de la ansiedad que se caracteriza por cambios físicos en el cerebro. La ansiedad puede ser tanto un problema de salud mental como un problema espiritual, y en general comienza por lo segundo antes de llegar a lo primero. Puede notarse en nuestras experiencias conscientes, así como en el subconsciente gobernando de manera crónica nuestra percepción de la vida.

Yo no soy psiquiatra como para ayudarte a discernir esta diferencia en tu vida, pero conozco lo suficiente sobre mi propia ansiedad y la de muchas personas con las que he hablado (en particular, pastores y líderes cristianos de todo tipo) como para asegurarte que la ansiedad, aun cuando no llegue a convertirse en un problema psiquiátrico, igual desbalancea la atención del intelecto y nubla la claridad emocional. Es por eso que resulta vital aprender a gestionarla y entender cuáles son los dispositivos que la alimentan en nuestras vidas.

Por ejemplo, hoy es prácticamente criminal dejar de analizar como líderes cristianos cuál es el verdadero efecto de pasar tanto tiempo expuestos a una pantalla y estar tan interconectados a través de la tecnología. De ahí que sea imprescindible incluir este capítulo y hablar de cómo elaborar margen en nuestras vidas.

Lo que para algunos de nuestros amigos más ingenuos pasa desapercibido es que el desafío que plantea la nueva realidad no es tan solo la exuberante proximidad a tentaciones sexuales y confusiones morales, sino una serie de comportamientos que parecen de lo más inofensivos, pero que cuando se convierten en hábitos tienen un efecto muy notorio en nuestra manera de ver la vida. Un ejemplo es el hábito de tomarnos y compartir más fotos que nunca antes en la historia.

En el libro *Liderazgo Generacional* escribí:

"Para las nuevas generaciones hoy es usual postear primeros planos casi a diario, y como líderes no podemos ignorar que, aunque este hábito hoy parezca de lo más normal del mundo, crea efectos socioculturales que atentan contra nuestra salud".

Desde las neurociencias se habla de "surcos mentales de comportamiento", y este hábito nos lleva, como nunca antes, a darle a nuestra imagen un valor demasiado alto. El poner continuamente en primer lugar el "cómo me veo" tiene un impacto tremendo en nuestras vidas, y la verdad práctica es que (aunque lo que voy a decir suene a anatema y sea contracultural a nuestro ecosistema cultural actual), este hábito atenta (y en más de una manera) contra nuestra sensación de margen, contra una espiritualidad genuina y contra nuestra paz interior.

Mira lo que recomienda Pablo a los filipenses:

> *"No sean egoístas; no traten de impresionar a nadie. Sean humildes, es decir, considerando a los demás como mejores que ustedes. No se ocupen solo de sus propios intereses, sino también procuren interesarse en los demás".*
>
> (Filipenses 2:3-4, NTV)

Creo que no admite demasiada discusión el hecho de que compartir fotos personales todos los días no nos mueve precisamente en esa dirección.

Esta "cultura *selfie*" y otras prácticas contemporáneas aparentemente inofensivas (como estar viendo todos los días noticias de los ricos y famosos o de los ministros destacados) han alimentado con supernutrientes a dos de los males que atentan contra una vida con margen, y contra el desarrollo robusto y sano de las nuevas generaciones, al acostumbrar a las personas a pensar "con el yo adelante".

Estos dos subproductos de la cultura *selfie* son:

- **El narcisismo**, que es una necesidad excesiva (y autoalimentada) de atención y admiración.
- **El hedonismo** (del griego ἡδονή hēdonḗ, 'placer'

e *-ismo*), que establece a la satisfacción de los sentidos como fin superior y fundamento de la vida.

En el caso del narcisismo no pongo una palabra griega que explique la idea porque el término viene de un personaje, el joven Narciso, que se enamoró de su propia imagen.

El problema con el narcisismo es que crea relaciones conflictivas y una carencia de empatía con los demás, con una máscara de seguridad extrema pero una autopercepción frágil, que es vulnerable a la crítica más leve y que siempre demanda más admiración. El problema del hedonismo no es la búsqueda natural y humana del placer, sino el considerarlo el único y supremo bien y el objetivo de la vida.

¿Cómo se manifiestan estos dos subproductos en la vida cotidiana? Bueno, seguramente alguna vez escuchaste a una madre decir que lo "único" que quiere para sus hijos es que "sean felices". *¿Te pusiste a pensar alguna vez en esa afirmación? ¿Has conocido a alguien deprimido a pesar de que "lo tiene todo" y aun cuando su vida es considerada un "éxito" por muchos?*

Un trastorno de personalidad narcisista causa problemas en prácticamente todas las áreas de la vida incluyendo las relaciones, el trabajo, la escuela, y en particular los asuntos económicos, y es también un motor poderoso de falta de margen. Al igual que el hedonismo, termina considerando insuperable el pagar el precio del aprendizaje, la superación, el progreso o la misericordia, ya que es mucho más placentero a corto plazo no estudiar, no leer, no trabajar y no incomodarse por el bien de los demás.

Las tres tentaciones

El ecosistema interconectado en el que hoy vivimos plantea tres tentaciones que continuamente te restan margen y frente a las cuales debes mantenerte siempre alerta para no ceder a ellas. Estas son:

1 - La tentación de las apariencias

Raramente posteamos en las redes algo que a conciencia perjudique nuestra imagen (y digo "a conciencia" porque a veces lo hacemos pero no de manera intencional).

Es obvio que nadie quiere verse mal en ningún lado. Yo tampoco. Así que dejemos claro que el problema no está en evitar lo que sea negativo, sino en crear fantasías con el fin de impresionar a otros y en dejarnos gobernar por la cantidad de *likes* que recibe aquello que posteamos.

La seducción de las apariencias consiste en buscar un resultado favorable solo a través de la imagen. O, mejor dicho, del engaño. Es intentar que otros crean que algo es mejor de lo que en realidad es, lo cual es invitar a tu vida a la mentira (o al menos a una media realidad). Aunque hoy en día esta sea una práctica común (con el uso de filtros, correctores de fotos y consultores de imagen), es jugar con la mentira, y la mentira es como uno de esos zombis que nunca se mueren y te sigue corriendo hasta el final de la película.

En Proverbios 12:19,TLA leemos: *"El que dice la verdad vive una larga vida; el que sólo dice mentiras no vive mucho tiempo"*. Y no creo que sea una referencia exclusiva al tiempo cronológico, sino a la calidad de vida.

La gran cantidad de aplicaciones para retocar las fotos y la vorágine de historias inventadas (o al menos "embellecidas") para crear *likes* y atención, son un canal de influencia y placer, pero también de ansiedad, distracción y falta de margen.

La pregunta que una persona madura se hace al manejar sus redes sociales (así como su vida) no puede ser continuamente "¿Cómo me veré haciendo o posteando esto?". Debemos hacer lo que es correcto, buscando producir un efecto positivo en otras personas, y no sembrando comparaciones, frustración, ansiedad y desánimo, aunque no sea el efecto inicialmente deseado.

2 - La tentación del *multitasking*

Hasta hace poco más de una década, los jefes de recursos humanos de las mayores multinacionales consideraban la supuesta capacidad de hacer más de una cosa al mismo tiempo como un gran sello distintivo, algo que les aseguraba que iban a contratar a un gran empleado. Sin embargo, el avance de las neurociencias se encargó de tirar por tierra ese mito, aunque esta corrección práctica y conceptual llevará unos años en instalarse en la cultura general.

Las investigaciones neurocientíficas terminaron de corroborar en años recientes que nuestros cerebros poseen una red neuronal en el lóbulo frontal que actúa como un embudo en el procesamiento de la información. Esto limita severamente nuestra capacidad para realizar varias tareas a la vez, haciendo que las tareas tarden más, y que también se reduzca la calidad de sus resultados.

Claro que la tecnología puede ayudarnos simplificando y acelerando tareas, pero también es algo más en lo cual enfocarnos o desenfocarnos, según sea el resultado que buscamos. Por eso el *multitasking* (o multitareas) es, en palabras del psiquiatra Edward Hallowell, "una actividad mítica en la que las personas creen que pueden hacer dos o más tareas simultáneamente con la misma eficacia que una sola".

Quienes se imaginan a sí mismos como pulpos de la eficiencia con un teléfono en una mano, una tableta en la otra, la mirada en la TV y los auriculares en las orejas, con el objetivo de administrar mejor su tiempo haciendo muchas cosas en simultáneo, se están autoengañando.

Por eso, al trabajar en otras cosas mientras estamos continuamente pendientes de nuestras redes sociales, estamos saboteando nuestro foco y nuestra productividad, e incluso nuestras relaciones, porque no podemos mirar a alguien a los ojos mientras también miramos una pantalla.

Aunque a muchos no nos guste admitirlo, la ciencia ha corroborado que el cerebro humano *no puede* enfocar su atención completa en más de una cosa (y esta es la razón de por qué los magos pueden hacer trucos sin ser atrapados ni siquiera por personas inteligentes y eficientes que los miran con cuidado, pero sin ver lo que en verdad han hecho ante sus ojos).

3 - La tentación de la competencia

Sentir envidia hacia el otro y desprecio hacia nosotros mismos por lo que otros publican en las redes sociales ha sido una catapulta para la ansiedad, la depresión y el mal uso del tiempo, la energía y el dinero en la vida de muchos en los últimos años.

Cierta vez, una mamá me contó triste y frustrada que los posteos familiares de un ministro cristiano que ella seguía la hacían llorar, ya que por lo que se podía percibir en las redes sociales, los hijos de este ministro amaban a Dios con locura, y ella en cambio estaba luchando con la rebeldía de sus dos hijos adolescentes. Al escuchar a esta mamá, primero pensé que el problema estaba en ella... pero al prestar atención a los posteos en la cuenta de este líder cristiano en los siguientes días, observé que también había un trabajo intencional y exagerado para dar a entender que tenía una familia ideal. Entonces comprendí que él era también parte del problema, al no mostrar que su familia y sus hijos también tenían desafíos como todos.

El estar sobreexpuesto a la cultura *selfie* de otros te empuja en la dirección de la comparación y la competencia, y, para colmo, un agravante que crea confusión es que esta comparación sucede sin contexto. Por ejemplo, si yo muestro mi automóvil a gente del país en que vivo, ellos van a pensar una cosa, pero si pongo fotografías en las redes del mismo automóvil y lo ve alguien de otro país, puede pensar otra cosa totalmente distinta. El automóvil es el mismo, pero la percepción es diferente porque el contexto es diferente. Lo mismo sucede al comparar familias, iglesias y ministerios.

Otra cuestión absurda es comparar la cantidad de seguidores, o evaluar a alguien por la cantidad de seguidores que tiene, porque esto no solo habla de esa persona sino de quienes lo siguen (y de lo que estas personas consumen). De hecho, otro problema es que las redes sociales crean una valoración alternativa a la realidad en "cantidad de seguidores" y "*likes*", como si ese fuera el estándar universal para medir la sabiduría, la armonía, el carácter y el conocimiento, o la prueba de una vida interior realmente exitosa. Esto hace mal a todos, ya que perjudica la salud de "ganadores" y "perdedores" por igual, al enfocar la atención en algo tan superficial y fluctuante como la valoración de gente que en realidad tiene una idea parcial y fragmentada de lo que está viendo y de quien lo postea (ya que es alguien al que no conoce en profundidad).

Hoy sabemos que la comparación social en redes abre la puerta a una serie de trastornos como el miedo a perderse algo, que en inglés se conoce como FOMO (sigla de *"Fear Of Missing Out"*, cuya traducción literal sería "miedo a perderse algo"), o la idea de que siempre alguien más lo está pasando mejor o tiene más éxito que tú (solo por lo que puedes ver de sus vidas en línea, claro). Esto puede afectar la salud mental en una variedad de maneras. Incluso se ha observado que las personas que usan mucho las redes sociales (más de cinco horas al día) tienen un menor sentido de sí mismas, sufren de depresión, y muchas veces, como consecuencia, tienen pensamientos suicidas.

Otra consecuencia de pasar mucho tiempo en las redes es el rechazo a la propia imagen corporal, un factor crucial en la autoestima, especialmente en el desarrollo de los adolescentes. La autocomparación negativa es un fenómeno común tanto para hombres como para mujeres en las redes sociales. Si bien los estándares idealizados para los cuerpos de hombres y mujeres son diferentes, ambos son vulnerables a sentir una baja autoestima por tener "una mala imagen corporal". Incluso el pasar mucho tiempo en las redes sociales se asocia también con el deseo de cambiar el propio cuerpo a través de hábitos alimentarios desordenados. Una manifestación generalizada es la moda del "té dietético" y otras "limpiezas" restrictivas, comúnmente promovidas por personas influyentes con tipos de cuerpo idealizados (cuerpos que a menudo han sido distorsionados o editados especialmente para las redes sociales).

De lo *online* a lo *offline*

A pocos kilómetros de la ciudad de Córdoba, en mi querida Argentina, se encuentra la ciudad de Salsipuedes. Se trata de una localidad muy pintoresca, y obviamente lo primero que llama la atención es su nombre, acerca del cual existen varias leyendas. La más popular dice que surgió de un conflicto entre dos comechingones (se trata de un pueblo originario de la zona con otro nombre "pintoresco"), cuando uno de ellos secuestró a la esposa del otro, y esto desencadenó una pelea entre ambos que terminó con el derrotado en las aguas del río, luchando por no hundirse, mientras que aquél que resultó victorioso le gritaba "¡Sal si puedes!".

Recordé esta leyenda al escribir este capítulo porque creo que a muchas personas las redes sociales les han raptado la paz y las han tirado a un río de ansiedad, mientras les gritan burlonamente: "¡Sal si puedes!". por lo que quiero animarte a lograr que sean para ti un lugar pintoresco, en vez de un lugar donde perder el margen.

Sé que al escribir este capítulo acerca de las redes y la tecnología corro el riesgo de perder por un momento la atención de algunos lectores, ya que no todos hoy se encuentran absortos en este universo alternativo. Sin embargo, creo que es interesante para todos, porque este "microclima" saca a la luz problemas que ya estaban ahí y con los que todos convivimos, aun sin estar esclavizados por las redes sociales.

Jesús dijo en Marcos 7:15 que *"Lo que daña a una persona no es lo que viene de afuera. Más bien, lo que sale de la persona es lo que la contamina"*. Así que mi recomendación no es que te salgas de las redes sociales, ni tampoco creo que estés libre de estas tentaciones por no usarlas (y por eso volveremos a ellas en los próximos capítulos). Lo que me gustaría es proponer algunas ideas específicas sobre cómo gestionar el uso de la tecnología y las redes para que no sean ríos que nos atrapen mientras nuestra paz y nuestra productividad son secuestradas.

Todas las tentaciones de las redes sociales apelan a esa vieja naturaleza fragmentada y a nuestra concupiscencia, que sí vienen de adentro. Y encima, además de hacernos daño a nosotros mismos, tienen un efecto negativo en otros. Por eso tenemos que aprender a detenerlas y contrarrestarlas con mejores prácticas. *¿Como cuáles?* Aquí van algunos ejemplos:

- Compartir contenidos que no estén centrados exclusivamente en ti.
- Compartir contenidos que exalten a Dios.

- Celebrar valores y esfuerzos que otros no valoran.
- Compartir contenidos que celebren el trabajo de otros.
- Tener cuidado al seguir a personas que son presas de esta cultura, aunque sean líderes cristianos.
- Postear solo con la verdad.
- Asignar tiempos específicos para el uso de las redes sociales, y aprender a desconectarte de la tecnología cuando tengas que hacer otras cosas.
- Discernir qué es lo que te produce el seguir ciertas cuentas, y si es negativo, dejar de seguirlas, aun si consideras que el problema está en ti y no en ellas.

Se cuenta que el predicador puritano Jonathan Edwards solía orar pidiéndole a Dios que "estampara la eternidad en sus globos oculares", y creo que de eso habla Hebreos 12:2 cuando dice: *"Mantengamos fija la mirada en Jesús, pues de él viene nuestra fe y él es quien la perfecciona...".*

Al mirar recurrentemente a Jesús, nuestros ojos se ponen en la perspectiva de la eternidad. Reconsideramos nuestras prioridades. Ubicamos lo que es trascendente. Ponemos orden en nuestro mundo interior. Y desde ese lugar, podemos comenzar a administrar con mayor cuidado, visión y pericia toda nuestra vida.

La tecnología está para servirnos, pero avanza de manera tan acelerada que cada uno de nosotros debemos hacernos continuamente "exámenes de realidad" para asegurarnos de que no la estamos sirviendo nosotros a ella, y perdiendo margen al hacerlo.

Han subido nuestras ansiedades, no solo por la sobreexposición a lo malo, sino por algunos efectos colaterales de la sobreexposición a lo bueno de otros.

La seducción de las apariencias consiste en buscar un resultado favorable solo a través de la imagen. O, mejor dicho, del engaño.

El cerebro humano no puede enfocar su atención completa en más de una cosa.

Al mirar recurrentemente a Jesús, nuestros ojos se ponen en la perspectiva de la eternidad.

5

VOLCANES

VOLCANES

No todas las enfermedades se perciben a simple vista. Ni siquiera todas "se sienten" a flor de piel. Es lo que sucede inicialmente con la mayoría de los dolores, y es lo mismo que sucede con los volcanes.

El primero que conocí, cuando tenía unos diez años de edad, fue el volcán Lanín, cerca de la hermosa ciudad de San Martín de los Andes en el sur de mi Argentina. Aunque inactivo, este estratovolcán es imponente y bello. Y el pensar que un día había sido un flameante volcán lleno de lava me hizo explotar la imaginación. Por eso, desde que recuerdo, los volcanes me han llenado de intriga.

Años después conocí los volcanes de Fuego y Agua en Guatemala, el Popocatépetl en México, el Chimborazo y el Cotopaxi en Ecuador, y el de Villarrica en Chile. Todos imponentes, majestuosos y peligrosos a la vez, ya que nadie sabe exactamente cuándo será la próxima vez que harán erupción.

¿Será que muchos de nosotros somos como volcanes?

En esta tarea que Dios me ha asignado de viajar por el mundo sirviendo a las iglesias, me encuentro muy a menudo con líderes cansados, nerviosos, frustrados y agotados, que son proclives a explosiones volcánicas con el potencial de obligar a quienes los rodean a evacuar la zona. No van a decirlo en sus redes sociales, pero sí me lo han confesado muchas veces en una mesa y, en ocasiones, precisamente luego de alguna explosión inesperada.

Otros tal vez no me lo han dicho porque ni siquiera lo saben. A veces sienten el murmullo interno, pero como están haciendo lo que han visto hacer a líderes aparentemente exitosos, ni sospechan lo que está sucediendo en su interior, y por eso no siempre se dan cuenta (y obviamente creen que yo tampoco me doy cuenta). Lo que sucede es que la experiencia de tantos años conversando con líderes en circunstancias tan diferentes me ha permitido afinar el ojo para ver ciertos síntomas que me ayudan a discernir la situación como si tuviera un sismógrafo que captura que el volcán no está tan dormido como parece...

Claro que lo que ayuda es que yo también he experimentado estos síntomas. Comencé a trabajar en el ministerio a tiempo completo antes de cumplir los 20 años y con toneladas de inmadurez. Y digo esto no solamente por la edad que tenía, sino porque en ese momento para mí "liderar" tenía más que ver con los talentos y la performance que con el carácter y la identidad. Hace ya hace más de treinta años que comencé, así que créeme que he experimentado mis propias erupciones.

> LOS LÍDERES NECESITAMOS PREVENIR LAS SEÑALES QUE INDICAN UNA POSIBLE ERUPCIÓN MUCHO ANTES DE QUE ESTA OCURRA.

Además, no es solamente que noto estos detalles en otras personas y que he atravesado mis propias experiencias, sino que me he puesto estudiar el tema porque me parece realmente crucial.

Lo que el estudio y la observación cuidadosa me han enseñado es que los líderes necesitamos prevenir las señales que indican una posible erupción mucho antes de que esta ocurra. Esto tiene todo que ver con el margen. En este caso específico, con el margen que necesitan nuestras emociones. Y aunque son características de los líderes cristianos, son igual de aplicables a cualquier persona de fe. Claro, podemos esperar a que llegue una crisis o una erupción para tratar con todo esto, pero... *¿para qué llegar a ella si podemos evitarla?*

Entonces, ¡estemos alertas! Las siguiente siete señales del sismógrafo emocional anuncian que pronto vendrá una erupción...

1. Lees la Biblia solo cuando te toca predicar

Hace unos años, de repente, un día me di cuenta de que solo la estaba leyendo para preparar mi próximo sermón, y me sentí profundamente avergonzado. ¡Leer la Biblia nos desafía, nos saca filo, nos corrige y nos renueva!

Deja de leer versículos sueltos como si la Biblia fuera un horóscopo cristiano. Lee cartas, historias, o al menos capítulos completos, ¡y toma notas! Fuérzate a leerla en distintas versiones. Hazle preguntas al texto, y luego deja que la Biblia te lea a ti y te haga preguntas, aunque sean incómodas. Y, en especial, busca a Jesús, incluso en el Antiguo Testamento.

2. Inviertes más en verte bien que en ser mejor

Personalmente, nada me aburre más que estar entre líderes cristianos y hablar por más de dos minutos de ropa, automóviles o zapatos... Cuando veo una obsesión con estas cosas, en mi sismógrafo detector de problemas comienza a sonar una alarma.

CUANDO PASA MUCHO TIEMPO Y NO APRENDES NADA NUEVO NI HACES NINGÚN ESFUERZO POR ACTUALIZAR TUS CONOCIMIENTOS, TE SIENTES UNA PERSONA ESTANCADA.

Uno de los indicios más evidentes de la falta de margen es la carencia de espacios específicos para el aprendizaje y el desarrollo personal. Cuando pasa mucho tiempo y no aprendes nada nuevo ni haces ningún esfuerzo por actualizar tus conocimientos, te sientes una persona estancada (y probablemente lo estés).

Puedes poner mil excusas, pero esto es algo que nadie va a hacer por ti. Hoy en día puedes encontrar nuevos mentores con muchísima facilidad a través de videos, podcasts y, obviamente, libros (que son mi recomendación porque es más fácil detenerte en ellos cuando quieres, y releer y tomar notas, al menos para mí).

Créeme, no desarrollar tus capacidades, dones y talentos es una de las razones por las que ha bajado tu entusiasmo y poner tu atención en las apariencias es una de las razones por las que no tienes más dinero. Si continúas caminando por este pasillo, pronto sentirás que el techo está demasiado cerca... sentirás inseguridad, te faltará el oxígeno, tus emociones te engañarán, ¡y tarde o temprano el volcán hará erupción!

3. Oras en automático (usualmente para quedar bien en público)

Llevo años aprendiendo y enseñando que la oración es un diálogo y no un monólogo. Alguien, tal vez, incluso me haya escuchado bromear con los modismos y las costumbres evangélicas a la hora de orar. Y es que para mí este es uno de los síntomas más evidentes de la falta de frescura espiritual. Si descuidamos la oración nos iremos alejando de la fuente de agua viva, y para revertir esto creo que es necesario redescubrir la simbiosis entre oración y adoración, esa relación que el formulismo simplista de años recientes nos ha robado. El libro *Oxígeno* de esta trilogía trata precisamente sobre eso, y te animo a leerlo con cuidado.

4. Perdiste el sentido de asombro

Esto sucede cuando tomas la postura del que ya lo sabe todo, ya lo hizo todo, y nada ni nadie lo sorprende... y en el camino te pierdes lo nuevo que Dios está haciendo. Cuidado, porque el prejuicio nos impide aprender del Dios que enseña en el misterio y los detalles.

5. Priorizas lo que haces en vez de a quien sirves

Uno de los valores que protegemos en el equipo de e625 dice que "las personas son más importantes que los programas". Presta atención a esto, porque justamente cuando un líder está agotado espiritualmente, suele invertir el orden... y de hecho también sucede que hay líderes que se agotan por tener ese orden invertido crónicamente.

No hay nada más ridículo que servir a cosas, tradiciones, tareas e instituciones. Todo eso debe ser un vehículo para servir a las personas, y si olvidaste eso, ¡con razón que ves a las personas como interrupciones! Perdiste de vista la *"Imago Dei"*, que es la imagen de Dios en el otro, al que sirves como servicio a Dios.

6. Escuchas en tercera persona

Los líderes agotados espiritualmente escuchan con los oídos de otras personas, pensando en lo que los principios significan para la vida de otros, pero no para la propia. Y podría agregar a esto que algunos escuchan para compartir, pero no para ingerir… Es decir, escuchan sermones y conferencias, pero no para crecer sino para brillar más cuando les toque hablar.

7. Tienes reacciones desproporcionadas

Este es el indicio final de que una próxima erupción es inminente.

Se cayó la Internet, se te fue la señal del celular, alguien no hizo lo que querías en el juego o en la calle, o el tecladista no tocó en el momento justo... y es un drama tan grande como si se hubiera muerto tu mascota de toda la vida o alguien le hubiera pegado a tu mamá. ¡El volcán ya comenzó sus detonaciones, y esta es una clara indicación de agotamiento espiritual y de una urgente necesidad de margen!

Uffff. Dame un minuto por favor. Luego de escribir y leer esto necesitamos respirar, *¿verdad?*

Comprender lo anterior e identificar tu propio cansancio no

es nada fácil, pero ya es un paso en la dirección correcta. Incluso si estas señales no te describen exactamente, son atisbos que pueden ayudarte a evocar tu propio mundo. Pero no te desesperes. En cada una de estas denuncias residen también soluciones que iremos descubriendo en los próximos capítulos. Por el momento, hemos llegado a la coyuntura adecuada como para pedirte que leas esto con los ojos de tu alma bien abiertos:

NO HAY NADA MÁS RIDÍCULO QUE SERVIR A COSAS, TRADICIONES, TAREAS E INSTITUCIONES.

> Si estás en el liderazgo, debes sacarte la capa de Superman o las botas de la Mujer Maravilla y entender que tú no vas a arreglar todos los problemas de la gente de tu organización. Ese no es tu trabajo. Ni siquiera es tu trabajo tener un esposo perfecto, o una esposa perfecta, o hijos perfectos. La primera razón es que ellos no pueden serlo. Y la segunda, y la más importante de reconocer, es que cuán buenos, malos, excelentes o mediocres ellos sean, eso depende de ellos y no de ti. Lo que tú sí puedes hacer es

administrar TU vida con mayor pericia, y crearte el margen necesario para mantener tu salud mental, emocional, física, espiritual y aun financiera. Esto, sin lugar a dudas, va a facilitar escenarios para que las personas de tu entorno también mejoren, pero ese no debería ser tu objetivo principal.

Mary Poppins tenía una gran pista

Cuando en la famosa película para niños de 1964, a Mary Poppins le preguntaron cómo describiría sus emociones después de ganar una carrera de caballos que parecía imposible de ganar, y ella respondió cantando una canción con esa extraña palabra "súpercalifragilisticexpialidoso", ¡estaba dándonos una pista sobre cómo gestionar correctamente nuestra salud emocional para evitar volcanes y desbalances! Si haces una búsqueda rápida en Internet encontrarás que la palabra es simplemente una expresión de alegría para cuando no encuentras otras palabras, pero eso no es lo que te diría un lingüista.

En su libro *Crazy Language* (Lenguaje loco),[1] Richard Lederer explica que la palabra compuesta

1 *Crazy Language* (Lenguaje Loco). Richard Lederer. Pocket Books, 2010.

"súpercalifragilisticexpialidoso", se construye con: súper (encima), cali (belleza), fragilistic (frágil), expiali (expiable), y doso (educable) y que, por lo tanto, con todas estas partes combinadas, significa: *"Cuando somos frágiles por encima de todo podemos ser expiados al ser educados a través de la belleza"*.

Leer esto me hizo pensar en el testimonio de Pablo con respecto a la respuesta negativa de Dios a su oración. En 2 Corintios 12:9, Pablo escribió que Dios le dijo: *"...Mi poder se manifiesta más cuando la gente es débil..."*.

¡Esto debe llenarnos de esperanza!

¿Será que para crear margen también debemos antes tener claro lo que significa la falta de margen en nuestras vidas?

Aunque creo que podemos aprender de las experiencias de otros, y por eso escribo libros, también estoy convencido de que hay lecciones que solo se pueden aprender en la propia piel. Por eso, si al leer las siete señales que te mencioné antes te sentiste triste o culpable por identificar algunas de ellas en tu vida, recuerda que, por encima de todo, el admitir nuestra fragilidad es el comienzo de nuestra fortaleza. Sobre todo, si estamos dispuestos a ser educados acerca de cómo expiar (o, en un término más moderno, purificar) nuestras mentes con la verdadera belleza, que no es otra cosa que la verdad holística (completa y total) de Dios.

¿Estamos listos para que esa sea nuestra canción?

6

REDEFINICIONES

Nuestra verdadera definición del éxito tiene un poder casi mágico en nuestro inconsciente, y uso el adjetivo "verdadera" porque no me refiero a cómo conjugamos nuestra definición cristiana en palabras audibles, sino a aquello a lo que verdaderamente aspiramos desde lo más profundo de nuestro ser.

Si miramos la realidad con agudeza, tenemos que admitir que incluso la vara con la que hoy evaluamos la "espiritualidad" tiene bastante en común con la vara con la cual la sociedad pop mide el éxito. Piensa en esto:

¿Por qué hay personas que parecen tenerlo todo pero no pueden disfrutarlo?

¿Por qué hay personas que tienen todo lo que cualquiera desearía tener, y sin embargo viven vidas infelices, e incluso algunas hasta se han quitado la vida?

¿Por qué la tasa de depresión es más alta en los países ricos que en los pobres?

Yo creo que la clave para entender esto tiene que ver con lo que creemos acerca del éxito, lo cual tiene incluso más que ver con la religión de lo que sospechamos (luego vuelvo a esto).

¿Qué es el éxito exactamente?

En el libro *Stamina* escribí que el éxito toma formas diferentes para personas distintas, pero en un sentido global, hoy el común de los humanos consideramos "exitosa" a una persona que ha conquistado los siguientes "premios": riquezas, poder y prestigio. Lo interesante es que, aunque alguien haya conseguido uno de ellos, raras veces se siente satisfecho sin conseguir los otros dos.

El problema se hace más evidente al darnos cuenta de que el conseguir estos premios es tan subjetivo, complejo e incluso adictivo, que la persona nunca encuentra una medida de cuánto es "suficiente" ... y allí tenemos desenmascarado a este ladrón que continuamente nos roba la paz y nos empuja a hacer siempre algo más en una carrera sin sentido ni final.

Las riquezas, el poder y el prestigio son los Baales modernos, pero no porque estos sean intrínsecamente malos sino por cómo los deifica la cultura contemporánea (y nuestro lado oscuro). Algo parecido sucedió con la estatua de Éxodo 32. Moisés no se enojó al bajar del monte por encontrar que el pueblo había hecho una estatua para decorar el campamento, sino porque era una estatua representando a una deidad y la estaban *adorando.*

No es lo mismo desear tener ciertas cosas (como riquezas, poder o prestigio) que convertir estas cosas en propósitos y deidades a las que les damos toda nuestra atención y afecto, porque al hacerlo se transforman en objetos de idolatría. La atención que les damos nunca puede estar en el epicentro de nuestras sensaciones y acciones, y por eso no alcanza con agregar a nuestras vidas algunas técnicas de administración. Es importante aprender a lidiar con nuestro corazón y limpiar nuestras aspiraciones.

La gran pregunta de fondo es: *¿a qué le damos el centro de nuestra atención? ¿Qué nos mueve?* En el sentido más orgánico, germinal y visceral: *¿a qué o a quién amamos?*

Mira este diagrama:

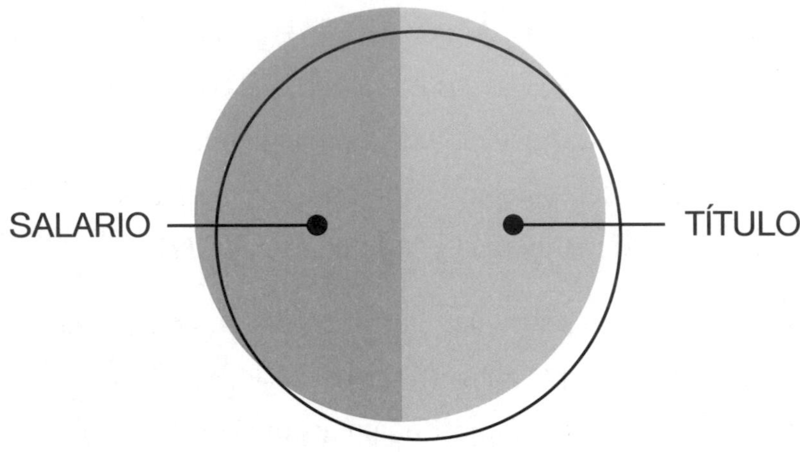

Quizás sea una sobresimplificación, pero estoy seguro de que millones de adultos solo pueden pensar en su título y en su salario a la hora de autodefinir si tienen éxito o no.

¿Qué se están olvidando?

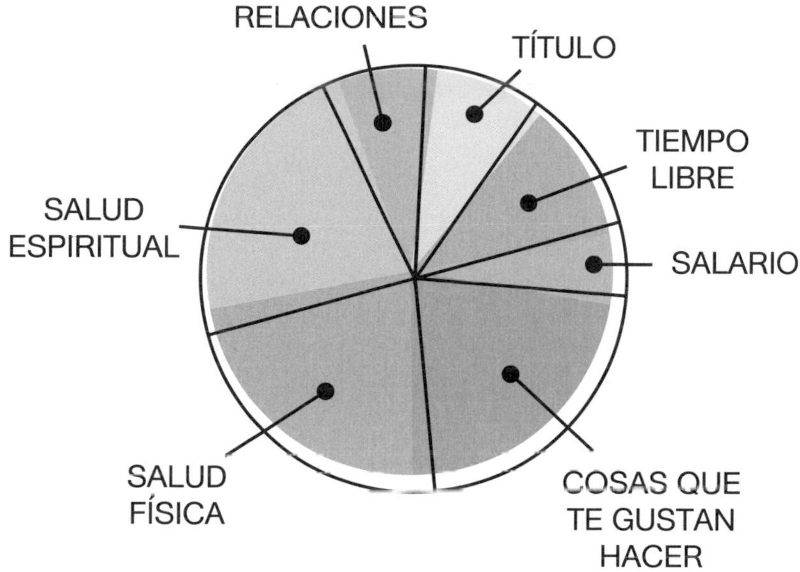

Este nuevo panorama tiene todo que ver con vivir una vida con margen, porque nuestra vara para medir el éxito no puede ser tan restrictiva como para considerar solo esos dos aspectos.

Redefinición de espiritualidad

Luego de "éxito", el siguiente término que, como líderes cristianos, tenemos que redefinir con claridad germinal es "espiritualidad". Y te insisto con las redefiniciones porque concuerdo con ese milenario proverbio chino que dice que la sabiduría se multiplica al llamar a algo o alguien por su nombre correcto.

Me costó muchos años entender que la espiritualidad no es una fórmula sino una relación. No es una competencia, ni un examen, ni un premio. No es lo que yo hago. Es lo que Dios hace cuando estoy con Él. Por eso necesitamos enfocarnos en las disciplinas espirituales como lo que verdaderamente son, es decir, facilitadores de la espiritualidad, y no como algo más en la lista de cosas que tenemos que hacer porque somos cristianos.

Como también escribí en *Stamina*, acercarme, mantenerme cerca, y volver continuamente a estar cerca para que Él me siga transformando, es mi sola responsabilidad.

Lo importante es estar cerca de Dios. Lo demás son solo facilitadores, que pueden funcionar diferente en mí que en otros, y que no todos van a practicar de la misma manera ni con los mismos resultados. Ni siquiera la oración. Así que la pregunta que debemos hacernos es: "¿Qué puede alejarnos o impedirnos *estar cerca de Dios?*".

Contrariamente a lo que nos predicó muchas veces la religión, ni siquiera el pecado nos puede separar de su amor (Romanos 8:33-39). Pero sí puede hacerlo nuestra desconfianza o, en un sentido activo, nuestra confianza en Baales. Es por esa razón que el primer mandamiento dado por Dios fue que no nos hiciéramos dioses ajenos (Éxodo 20:3-5, Deuteronomio 5:7-10), y también es por eso por lo que el mandamiento más importante es que amemos al Señor por sobre todo (Deuteronomio 6:5, Lucas 10:27), y no que le obedezcamos, como hemos escuchado tantas veces, explícitamente o entre líneas.

Detente por unos segundos para digerir eso.

Enraizados en esa desconfianza (que no es otra cosa que falta de fe), lo que en verdad sabotea nuestra vida espiritual suele ser el ego, la culpa y también la ignorancia (que los chismes dicen que son primos, pero yo he descubierto que son hermanos). En un oído, como un mentiroso hambriento, inseguro y con pensamientos vergonzosos, el ego te hace creer que puedes seguir mordiendo el fruto de la autosuficiencia y que todavía tienes mucho que demostrarles a "esas personas" que a veces ni estamos seguros quiénes son. En el otro oído te susurra la culpa, diciéndote que ya lo intentaste, que ya trataste y volviste a caer y que, si ahora estás aquí, qué sentido tiene volver a intentar acercarte de nuevo a Dios. *¿Y qué te dice la ignorancia?* Ella no te habla, solo te distrae, ya que prefiere mantenerte navegando sin rumbo en ocupaciones y conversaciones triviales.

Si hemos nacido de nuevo, entre Dios y nosotros hay siempre la misma distancia. Lo que cambia es nuestra *percepción* de esa distancia, y es por eso por lo que lo de "estar cerca" es en realidad una expresión poética más que fáctica. En la práctica, se trata de cuánto tiempo pasa Dios en tus pensamientos y en el centro de tu atención.

Para las personas espirituales, Dios es una presencia constante. Para las inmaduras, a Dios hay que visitarlo en un lugar determinado, y en ciertos días y horarios.

En el discurso de algunos sectores sensacionalistas de la iglesia pop, la presencia del Espíritu Santo hace visitaciones. Para la Biblia, él mora en nosotros (1 Corintios 6:19) y hemos sido sellados con él (Efesios 1:13).

Del "yo" al "nosotros"

Ahora nos queda otra redefinición conceptual, o más bien cultural, que es también fundamental para reprogramarnos completamente y no quedarnos solamente añadiendo una lista de cosas "espirituales" para hacer en la superficie.

En el mundo occidental contemporáneo nos hemos tragado la píldora del individualismo y la tomamos con la soda del consumismo.

Los hispanos decimos ser más "familieros" y "amigueros" que otras culturas, pero nuestras sociedades no se están moviendo en la dirección correcta en este aspecto, y nuestras iglesias incluso menos.

A la famosa frase de René Descartes que decía: *"Pienso, luego existo"*, la hemos remplazado por *"Compro, luego existo"*, a tal punto que la percepción de bienestar de algunas personas está determinada por su última compra y sus aspiraciones para la próxima. Todo esto tiene que ver con pensar exclusivamente con el "yo adelante" como si pudiéramos tener una vida satisfactoria de esta manera.

Uno de los primeros hits de la famosa cantante Whitney Houston decía que el amor más importante de todos era amarse a uno mismo, y triste e irónicamente, terminó su vida con un "ahogamiento accidental" en la bañera de un hotel provocado por la combinación de un fallo cardíaco y el abuso de cocaína.

Hace no mucho tiempo, el mundo despidió con emoción al obispo anglicano sudafricano, y ganador del Premio Nobel de la Paz, Desmond Tutu, quien popularizó el termino africano *"ubuntu"*. *"Ubuntu"* quiere decir "comunidad", y Tutu lo analizó desde la teología escribiendo la frase *"Somos, y entonces yo soy"*[1] para referirse a una teología de la comunidad. Tutu repitió muchas veces, incluso ante las Naciones Unidas, que una persona solo puede ser ella en referencia a otros, y por eso, esos otros tienen todo que ver con quién es esa persona.

1 - t.ly/Rw-H

Mi amigo Sergio Valerga escribió en su excelente libro *La Iglesia Relacional* que *"la vida compartida de nuestra comunidad eclesial debe fluir cada hora de cada día de la semana, sea que estemos reunidos físicamente o no, ya que a esta iglesia las paredes no la pueden contener"*.[2] Esto me hace meditar en que es toda una ironía que haya tantos cristianos con vidas sin control ni margen, pero es que por un lado se nos predicó un evangelio individualista, y por el otro, sucede que hemos confundido la influencia del mundo con cosas superfluas como las modas, el ritmo musical o el decorado de los templos, en vez de prestar atención a los valores.

Prácticamente durante toda mi vida cristiana me enseñaron a leer mi Biblia como si ella estuviera escrita únicamente para individuos, y para enseñar acerca del crecimiento individual de los individuos… y no para las familias, para un pueblo, para las iglesias y para la Iglesia. La cosmovisión cultural de mi contexto, reforzada por la enseñanza inconsciente (pero no inocente) de las iglesias en las que me crie, me empujaron a leer la Biblia como si todo se tratara acerca de mí y de lo que yo tenía que hacer y lograr. El problema con esto es que, contrario a lo que nos fue sugerido de muchas maneras a ti y a mí a lo largo de los años, los seres humanos fuimos creados para la comunidad, y nuestras relaciones

2 *La Iglesia Relacional*. Sergio Valerga. *e625, 2021*

y nuestra manera de relacionarnos tienen más conexión con nuestra sensación de bienestar interior de lo que reconocemos. Claro, Dios nos hizo individuales, y nuestro caminar con Dios es personal, pero no nos hizo para el individualismo. Quiénes somos y cómo vivimos tiene todo que ver con nuestras relaciones porque así nos hizo Dios desde el principio.

Mira la secuencia de la creación en Génesis. Dios va viendo con buenos ojos cada elemento de la creación hasta Génesis 2:17, pero en el versículo 18 de repente dice que algo no está bien (¡y esto es antes de la caída!). En Génesis 2:18 leemos: "*Dios el* SEÑOR dijo: «No es bueno que el hombre esté solo...»".

Wow. *¿Qué pasó aquí? ¿Dios se equivocó antes? ¿Por qué no hizo a Eva directamente desde el comienzo?*

Yo creo que lo que sucede es que Dios quería resaltarnos algo demasiado importante para nosotros, y si no hubiera creado este suspenso pasaríamos completamente por alto esta verdad tan bella.

Él no quiere que estemos solos.

No fuimos diseñados para eso.

El *American Institute of Stress* (Instituto Estadounidense del Estrés)[3] ha realizado prolongados estudios acerca del rol del apoyo social, y sus hallazgos son concluyentes: el apoyo social de lazos fuertes es un destructor de estrés. También un estudio hecho en Suecia con hombres de mediana edad llegó a la conclusión de que aquellos hombres que habían pasado por un estrés fuerte sin relaciones estables en sus vidas tenían tres veces más probabilidades de morir de un infarto. Y los estudios y reportes científicos que corroboran esto son miles. Por eso, no puedo escribir este libro dejándote con la idea de que la mejor administración de tu vida es algo que solo tiene que ver contigo y una agenda, un calendario y algunas disciplinas espirituales personales. El margen también tiene que ver con tus relaciones, y en especial con la calidad de estas; y claramente no estamos hablando de tener muchos "amigos" en las redes sociales.

De hecho, conozco ministros cristianos con muchísimos seguidores en las redes sociales pero con muy pocos amigos que no sean simplemente empleados, y esto les ha ocasionado pasar por severos ataques de pánico y muchísima soledad a pesar de la enorme cantidad de admiradores en las redes sociales, lo cual exhibe que otra vez esto no es cuestión de cantidades.

3 www.stress.org

Ahora vuelve a mirar el diagrama que vimos en la página 97. Esta es la razón por la cual tu sensación de éxito incluye la calidad de tus relaciones. Por eso, al reestructurar tu tiempo, energía y finanzas, debes pensar también en reestructurar tus relaciones. Ellas deben ser una prioridad en tu vida, y no para impresionarlas con tu ego, sino para amarlas y recibir su amor, porque a fin de cuentas esa es también la mejor manera de amarte.

¿A qué le damos el centro de nuestra atención?

La espiritualidad es lo que Dios hace cuando estoy con Él.

En el mundo occidental contemporáneo nos hemos tragado la píldora del individualismo y la tomamos con la soda del consumismo.

El ego te hace creer que puedes seguir mordiendo el fruto de la autosuficiencia.

Fuimos creados para la comunidad, y nuestras relaciones y nuestra manera de relacionarnos tienen más conexión con nuestra sensación de bienestar interior de lo que reconocemos.

7

ADMINISTRANDO TU ENERGÍA

La gran mayoría de las personas a nuestro alrededor funcionan bajo la consigna de "yo puedo hacer algo más y esto no me lastimará", y sus intenciones suelen ser buenas. El problema es que operan desde el motivacionismo pop de estímulos externos, o, lo que es peor, desde la inseguridad y la necesidad de aprobación. Es por eso que esta consigna inconsciente que opera como motor de nuestros comportamientos debe ser eliminada de cuajo.

Mendigar *likes*, ya sea en la vida real o en las redes sociales, es como un estómago sin fondo que se traga la atención, el tiempo y la energía, sin permitirte producir tus mejores resultados.

Todo un sistema te ha educado para que pienses que no puedes desaprovechar la oportunidad de hacer algo más por alguien. Pero lo que no te enseñaron es que siempre debes discernir cuál es el mejor uso que puedes darle a tu energía, para que puedas ayudar a más personas manteniendo tu salud, y no terminando por ayudar a menos de ellas por haber cruzado tus límites.

Te lo digo más claro: ese monstruo interior que quiere *likes* de todo el mundo, y esa cultura que te dice al oído que ese es el camino a la popularidad, en realidad ¡quiere arruinarte! La Biblia la llama "el viejo hombre", y lo más peligroso es cuando se junta con su amante clandestina, la religión, porque ella te dice en el otro oído que hacer todo por todos y sin reparos es "una actitud de servicio", ocultándote que en realidad es una esclavitud de autoservicio que ni da lo que queremos ni logra lo que anhelamos.

Lo que yo estoy aprendiendo, y que no veo que tengamos muy en claro ni fuera ni dentro de la Iglesia, es que no todo se trata de administrar el tiempo, porque es cierto que todos tenemos la misma cantidad de tiempo por día, por semana, mes y año, pero hay otro elemento que sí es variable, y es la energía.

Llegó la hora de discernir la diferencia entre estas dos cosas, entendiendo que el tiempo es algo predeterminado, pero la energía no lo es. Es la energía lo que sí o sí tenemos que aprender a administrar, y eso no se arregla solamente con una buena agenda o conectando tu calendario con tu reloj. Claro que no estoy diciendo que nuestra energía no tenga límites, pero sí que no es igual para todos y, lo que es más importante, que todos podemos aprender a expandirla y multiplicarla.

Ahora bien, lo primero que debemos entender es que nuestra energía proviene de cuatro fuentes principales: el cuerpo, las emociones, la mente y el espíritu (y no, no estoy hablando de algo místico, "espiritual" o esotérico, sino de algo bien fáctico). Tu cuerpo crea y necesita energía calórica. Tus emociones son estimulables, tanto para bien como para mal, y en tu mente hay millones de conexiones neuronales que producen… sip, energía. Y definitivamente, el Espíritu Santo, que aclaremos que es una persona y no un ente energético, también es referido en la Biblia como un dunamis (δύναμις) (Hechos 1:8) que permite que logremos lo que por nuestras fuerzas es imposible de lograr (2 Timoteo 1:7) y desea darnos mayor capacidad espiritual (Gálatas 5:22).

La energía puede ser expandida sistemáticamente y renovada regularmente a través de disciplinas y rutinas de desarrollo, tal como nuestros músculos se elongan y fortalecen cuando hacemos ejercicio. Así que la clave para multiplicar tu energía y conseguir más cosas en igual cantidad de tiempo (y con menos esfuerzo, no con más) es aprender a tener un cuidado especial de cada uno de estos aspectos:

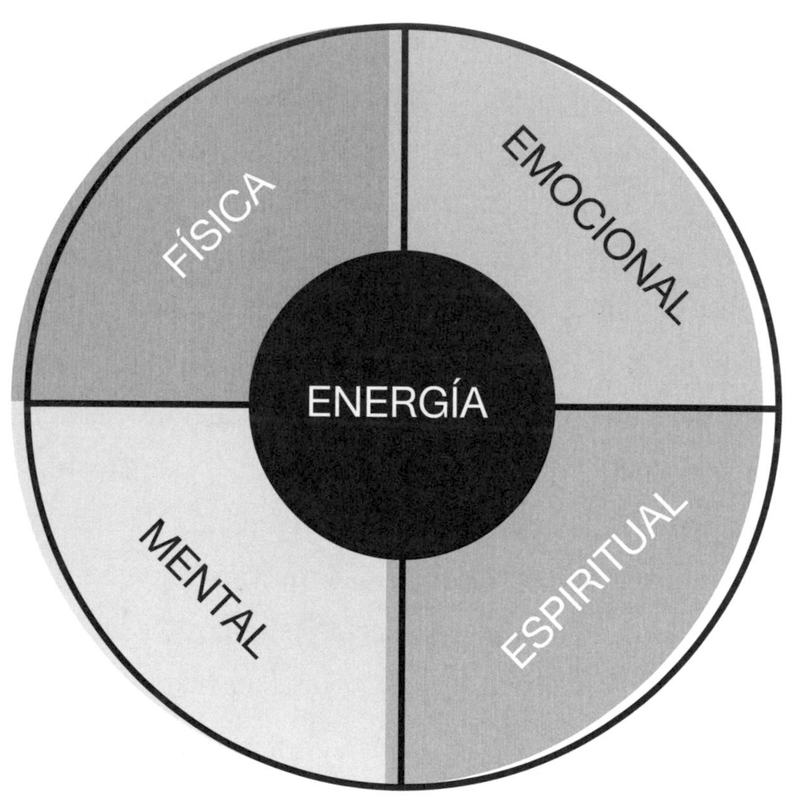

El cuerpo: energía física

La mala nutrición, el sueño inadecuado y la falta de ejercicio, todo esto disminuye los niveles básicos de energía de las personas, y eso altera las emociones, reduce la atención y nubla la capacidad cognitiva que necesitamos para tomar buenas decisiones.

La falta de una alimentación balanceada te enoja y debilita, la falta de descanso te deprime, y la falta de ejercicio te hace una persona más lenta sin importar cuánto sepas de Biblia y cuántas canciones cristianas escuches en el día.

LA RELIGIÓN TE DICE QUE HACER TODO POR TODOS ES "UNA ACTITUD DE SERVICIO", OCULTÁNDOTE QUE EN REALIDAD ES UNA ESCLAVITUD DE AUTOSERVICIO QUE NI DA LO QUE QUEREMOS NI LOGRA LO QUE ANHELAMOS.

La Biblia dice:

> *"¿No saben que el cuerpo es templo del Espíritu Santo, que Dios les dio, y que el Espíritu habita*

en ustedes? Ustedes no son sus propios dueños, porque Dios nos compró a gran precio. Por tanto, honren con su cuerpo a Dios".

(1 Corintios 6:19-20)

Honrar a Dios con nuestro cuerpo es mucho más que asistir una vez por semana al templo, levantar las manos en las canciones, no fumar y no beber alcohol. Nuestra autoridad espiritual, nuestra salud mental y nuestra inteligencia emocional tienen un punto de partida muy fisiológico.

Y podemos hilar todavía más fino, por ejemplo, mencionando que hoy en los ámbitos médicos se habla mucho de los "ritmos ultradianos", que se refieren a ciclos de 90 a 120 minutos durante los cuales nuestros cuerpos pueden mantenerse en un estado de alta energía, y luego de los cuales nuestro cuerpo comienza a desear un período de recuperación. Es por eso por lo que algunas multinacionales, buscando priorizar la productividad en contraste con el mero cumplimiento de horarios, se están replanteando la organización de las jornadas laborales. Las señales de que uno de estos ciclos está terminando incluyen malestar físico, bostezos, hambre y dificultad para concentrarnos. Sin embargo, muchos de nosotros ignoramos estas señales y seguimos trabajando, llenos de culpa y frustrados, en vez de honrar el diseño de Dios para nuestros cuerpos.

La consecuencia es que cada día sucede con nosotros lo mismo: si dormimos mal (y ya arrancamos cansados) o incluso si dormimos bien, pero durante un montón de horas trabajamos y trabajamos sin parar, luego tenemos el ánimo por el suelo y los quehaceres familiares poslaborales se tornan conflictivos…

¿Qué hacer? Pausas. Recreos y mejorar las rutinas, que es algo a lo que vamos a volver antes de terminar el libro.

Las emociones: calidad de la energía

Cuando las personas son capaces de tomar un mayor control de sus emociones, pueden mejorar sus actitudes y predisposición independientemente de las actitudes de otros y de los estímulos externos. Para hacer esto, primero debemos volvernos más conscientes de cómo nos sentimos en distintos momentos de nuestro día, y sobre todo al pasar de una tarea o responsabilidad a la siguiente.

¿Alguna vez te enseñaron a prepararte emocionalmente para una reunión de trabajo, un servicio de la iglesia o incluso una actividad familiar? ¡Pues es vital hacerlo para que tu actitud no sea una reacción sino una decisión! Si es solo una reacción, dependerás del ambiente. Pero si es una decisión todo saldrá mejor, porque ya irás con una convicción sobre cuál es la actitud necesaria.

¿Qué te puede ayudar a lograrlo?

Vuelve al paso anterior….

Sí, así es. Todos rendimos mejor cuando estamos más descansados y en buena forma física.

Pero ahora pasemos a lo cognitivo y a nuestras convicciones, y lleguemos por fin a lo espiritual.

La mente: foco de energía

Los descuidos nos pasan a todos, y muchas veces son costosos (como esa vez que abollé mi automóvil contra un paredón por salir hacia atrás sin mirar... aunque quizás semejante tontería solo me ha pasado a mí). Por eso necesitamos una mente despierta, lo cual incluye dos facetas: tener una mente informada y tener una mente atenta (que es exactamente lo que *no* sucedió el día del accidente, porque yo no sabía que eso estaba ahí ni tampoco había mirado qué había atrás antes de retroceder con mi automóvil).

El cerebro es tu capital, y como dijo el filósofo y poeta Ralph Waldo Emerson: *"Pensar es la tarea más difícil e importante del mundo"*, por lo que no puedes darte el lujo de dejar de hacerlo sin intencionalidad.

Pensar no se delega.

Tu cerebro debe alimentarse, sobre todo de la verdad de Dios, ya que ella te libera (Juan 8:32), guía tus pasos (Salmos 119:105), te corrige (2 Timoteo 4:1-3) y te garantiza mejores resultados (Josué 1:8).

"¡Es que no tengo tiempo para alimentar mi cerebro, con todas las cosas que tengo que hacer cada día!", me puedes decir. O: "¡No tengo dinero para gastarlo en cursos!". Pero no te engañes. Leer y aprender algo nuevo está al alcance de todos, al menos a mediano plazo. Y no, no se trata de cantidad. No se trata de dedicarle a esto tres horas por día. Se trata de hacerlo.

CUANDO ENCONTRAMOS SIGNIFICADO Y PROPÓSITOS SANTOS, ES MUCHO MÁS FÁCIL MANTENER EL ÍMPETU Y DISFRUTARLO AUNQUE SEA MUY COMPLICADA LA TAREA.

Ahora bien, *¿cómo puede todo esto darte más margen?*

Es sencillo. Tendrás el cerebro más informado y atento si lo tienes enfocado. Y si piensas bien en tus tareas podrás establecer mejor tus prioridades. Elegir. Usar estrategia. ¡Dios te dio esas capacidades!

Ahora piensa en la palabra "foco". ¡Es lo contrario a la idea de "multitareas"! Es darle tu atención a *una* cosa a la vez porque, vuelvo a recordarte, todos los reportes neurocientíficos corroboran que así funcionamos mejor (por ejemplo, hace poco leí sobre una investigación de la Universidad de Harvard que estimó que detenerse para contestar un correo electrónico o tomar una llamada en medio de una tarea principal, aumenta la cantidad de tiempo necesaria para terminar la tarea principal hasta en un 25%).

Es por eso que te hablo de administrar bien la energía y no tan solo el tiempo, porque muchos de nosotros tenemos la misma cantidad de cosas para hacer, pero unos las hacen más rápido y con mejores actitudes que otros, y eso suele ocurrir por tener una idea informada de cómo hacer la tarea y por tener la atención enfocada en ella en lugar de en varias cosas a la vez.

Puede que ahora estés pensando en qué hacer con las interrupciones y los accidentes. No te preocupes, más adelante llegaremos ahí, pero sin esta tierra firme debajo, estaremos siempre parados en la arena...

El Espíritu: energía de significado y propósito

Cuando lo que hacemos es realmente coherente con lo que creemos y además somos plenamente conscientes de que

Dios está obrando en nosotros y de que le estamos siguiendo a Él en sus planes, todo es más placentero de hacer.

Esto no significa que sea fácil, o que no sea desafiante, pero a esto se refería Jesús cuando decía que su carga era ligera (Mateo 11:30).

El Espíritu Santo recarga nuestras fuerzas con las suyas cuando llegamos a este lugar habiendo hecho nuestra parte como verdaderos mayordomos de las oportunidades que Dios nos ha dado.

Si mantuvimos la mente despierta, las emociones en su lugar y nuestra fisiología en orden, las probabilidades de que estemos endeudados, tengamos adicciones o seamos víctimas de los engaños de la cultura serán muy pero muy bajas. Y cuando a eso le agregamos un eco de eternidad en lo que hacemos, cuando le encontramos significado y lo hacemos con propósitos santos, es mucho más fácil mantener el ímpetu y disfrutarlo aunque sea muy complicada la tarea.

El mandamiento olvidado

Por todo esto es que Dios nos manda a descansar.

Necesitamos energía, y la energía se multiplica, pero también se gasta. Es como la respiración y el latido de nuestro corazón: hay un ritmo, y la Biblia habla de eso desde el principio.

Como escribí en uno de los primeros capítulos, estar ocupados no es un castigo sino una bendición. Por eso la Biblia elogia el trabajo duro (Eclesiastés 9:10, 1 Corintios 9:24-27) y condena a la pereza en un montón de ocasiones. Mira por ejemplo Proverbios 6:6-11:

> *"¡Aprende de las hormigas, perezoso! Fíjate en lo que hacen, y sigue su ejemplo. Aunque no tienen quien las obligue a trabajar, no tienen quien las mande, trabajan mucho todo el verano, recogiendo alimentos durante la cosecha. Perezoso, no haces más que dormir, ¿Cuándo vas a despertar de tu sueño? Duermes un poquito más, te tomas una larga siesta, descansas cruzado de brazos, y así, lo que lograrás es pobreza y más pobreza y esta te atacará sin piedad".*

Sin embargo, Dios también estableció que hay un tiempo para trabajar y otro para descansar; tan es así que el descanso es un mandamiento:

> *"Acuérdate de observar el día de reposo [...] como día santo".*
>
> (Éxodo 20:8)

Luego en Marcos 2:27 Jesús explica el corazón de este mandamiento, diciendo:

> *"El sábado se hizo para el ser humano y no el ser humano para el sábado".*

Y aquí vuelvo a recordarte algo que también dijimos antes y que muchos cristianos ignoran. *¿Por qué la mayoría de los cristianos separamos el domingo como día de descanso y no el sábado?* Porque en Cristo fueron hechas nuevas todas las cosas, y esta es una forma de simbolizar que le damos al Señor el primer lugar, o sea el primer día de la semana (que es el "domingo de resurrección", en el que comienza la semana según nuestro calendario actual).

EL DÍA DE REPOSO PONE A NUESTRA DISPOSICIÓN UNA OPORTUNIDAD DE RECALIBRAR NUESTRA DEPENDENCIA EN EL TRABAJO DE DIOS EN NOSOTROS, Y NO EN EL NUESTRO PARA ÉL.

Y esto ya era costumbre en el Nuevo Testamento. Mira esta recomendación práctica de Pablo a los corintios:

> *"El primer día de la semana, cada uno de ustedes aparte y guarde algún dinero conforme a sus ingresos, para que no se tengan que hacer colectas cuando yo vaya".*
>
> (1 Corintios 16:2, NVI)

Incluso en Apocalipsis vemos que Juan hace referencia al "día del Señor", dando a entender que ya era usual en la iglesia primitiva separar un día especial para Dios.

De todas maneras, vuelvo a repetirte que lo más crucial del principio bíblico no es si lo hacemos el sábado o el domingo, sino que entendamos que el separar un día para el Señor y para descansar es decisivo para todos.

¿Por qué?

Pues por varias razones:

- **La falta de descanso deteriora tu funcionamiento.** Reduce tu capacidad de concentración, de selección, de decisión y de acción.
- **La falta de descanso pone tus emociones al límite.** Regular tus emociones se hace mucho más difícil sin el descanso adecuado.
- **La falta de descanso camufla tu desorden interior.** En Marcos 4:19, en la parábola del sembrador, Jesús

menciona que en muchos casos *"...las preocupaciones del mundo, el amor por las riquezas, y los demás placeres ahogan la palabra y no la dejan producir frutos"*.

- **La falta de descanso nubla tu claridad mental.** La principal energía que necesita el cerebro para funcionar es la glucosa que proviene del procesamiento de alimentos ricos en carbohidratos y vitaminas, y eso sucede sobre todo cuando dormimos.

- **La falta de descanso impide tu renuevo espiritual.** El activismo te roba la posibilidad de detenerte a considerar a Dios. Muchas veces estamos tan distraídos haciendo cosas *para* Él, que nos distraemos de estar *con* Él. Mira lo que dice en Salmos 46:10 (NTV): *"¡Quédense quietos y sepan que yo soy Dios!"*. Esa no es exactamente una invitación a la actividad permanente, ¿verdad?

Por todas estas razones, es vital que los líderes cristianos aprendamos a reconocer los costos de agotar nuestra energía, y que asumamos la responsabilidad de cambiar los malos hábitos que tengamos en este rubro.

El día de reposo, las pausas, e incluso las vacaciones, son fundamentales para todos. ¡Sí, leíste bien! ¡Vacaciones! Tú las necesitas, y la gente a tu alrededor también necesita que te las tomes.

No debes considerarlas como un gasto superfluo (a menos que te las tomes para "estar a la altura", para "seguir a la manada" o para impresionar a otros, como hace tanta gente). Además de que las vacaciones no tienen por qué ser lujosas, tampoco tienen por qué ser largas. De hecho, no he descubierto todavía si hay ciencia detrás de esto, pero mi experiencia familiar es que prefiero tener varias vacaciones cortas que una vacación larga.

Y si estás en el ministerio, también tu ministerio necesita vacaciones. Deja de repetir esa tontería de que "Dios no se toma vacaciones", porque eso fue exactamente lo que Él hizo en el séptimo día. Y es especulativo, porque no tenemos datos de qué estaba haciendo en el período intertestamentario, pero es obvio que también se tomó una pausa entre lo que venía haciendo y lo que estaba por suceder.

¿Quieres una recomendación bíblica por si tu gente te reclama?

Pues mira Nehemías 8:10:

> *"Además, Esdras les dijo: «¡Vayan a sus casas a celebrar este día! Preparen buena comida, beban*

vino dulce y compartan con los que no tienen nada preparado. No, no se entristezcan porque el gozo del SEÑOR es nuestra fortaleza»".

(Qué triste que la mayoría solo se sabe el final de ese versículo, ¿no?)

Por último, ocúpate con lo que Dios quiere que te ocupes

Y no, no me refiero a todas las actividades de la iglesia inventadas por nosotros mismos, sino a estar cerca, permanecer cerca y volver a estar cerca de Él. El día de reposo pone a nuestra disposición una oportunidad de recalibrar nuestra dependencia en el trabajo de Dios en nosotros, y no en el nuestro para Él.

Jesús estuvo ocupadísimo… pero en lo que realmente tenía que hacer, sin albergar expectativas equivocadas o tener ansiedades basadas en lo que otras personas observarían. Él fue a su paso y no al que querían imponerle la cultura o los estímulos externos.

Porque, atención, hay cansancios que son normales, y a esos debemos verlos sin culpa. El problema real no es estar cansados, ni sentirnos abrumados en ocasiones. Lo que está mal es vivir crónicamente excediendo nuestros límites, y tener menos de Jesús de lo que necesitamos.

Y un último consejo: estemos ocupados, pero que sea para glorificar a Dios y para alimentar a otros, y no a nuestro orgullo.

8

EL MANEJO DE LA ANGUSTIA

Muchísimos de nosotros hemos experimentado alguna cuota de depresión y ansiedad en el último tiempo. Mientras caminamos por ese valle oscuro, puede parecernos imposible escapar. La carga de tratar de encontrar nuestro camino nos fatiga, y nos sentimos impotentes. ¡No eres la única persona que ha sufrido esto!

La vida nos da golpes, y no siempre esos golpes tienen que ver con lo que hicimos, sino con la naturaleza caída de otros y con un mundo caído en general. Cada uno de nosotros tiene días malos, y nuestras esposas y esposos también, y a veces no somos culpables de sus malas respuestas. Nuestros hijos nos desobedecen, y sus acciones no siempre son consecuencia de las nuestras. Ellos tienen una naturaleza humana caída, al igual que nosotros.

Algún día tal vez tu jefe o tu empleado van a maltratarte. O la economía de tu país provocará despidos. O una enfermedad tocará a tu puerta. Y no será tu culpa, pero sí será tu realidad... y *cómo vas a reaccionar* tendrá que ver con el margen que tengas.

En el mundo tendremos aflicciones. Jesús lo dejó claro en Juan 16:33. Sin embargo, los cristianos de hoy en día hemos sido víctimas de demasiados años de predicaciones exitistas en las que se nos dio a entender que si estamos en Cristo no tendremos problemas, que tendremos victoria siempre, y podremos resolverlo todo porque todo es posible en Cristo. *¿Volar sin ningún tipo de artefacto también?*

Hace unos años en nuestra iglesia en Dallas se les dio a los niños un *sticker* muy colorido que decía que con Dios todo es posible. Mi hijo Max, que por entonces tendría unos 11 años de edad, me dijo un poco molesto que eso no era cierto. Su franqueza me entusiasmó, porque pude explicarle que lo que esa frase significa es que *con Dios es posible todo lo que es posible y también aquello que no podemos alcanzar sin su ayuda*, pero no significa que no haya cosas imposibles para nosotros. Claro, alguno podría citarme Marcos 10:27, y tendríamos una larga charla acerca de la fe, pero yo creo que a lo que Jesús se refería es a que Dios sí es ilimitado, aunque nosotros somos limitados, y a que contando con Él podemos lograr cosas que sin su ayuda serían imposibles para nosotros (como la redención de nuestras almas, por ejemplo).

Este va a ser un capítulo distinto y tal vez inhóspito para algunos, porque vamos a referirnos a la gestión del dolor (en particular, el que no es autoprovocado) y vamos a hablar sobre cómo crearnos un margen de paz para mantenernos sanos durante las circunstancias más difíciles.

Como ya vimos, mucho de nuestro agotamiento y falta de margen tienen que ver con nuestro desorden, con prioridades equivocadas o decisiones a medio camino. Sin embargo, también es importante recordar que no todo lo malo que nos sucede es un contragolpe de la vida, o algo que nos merecemos o causamos.

Si estás en tus primeros años de ministerio probablemente esto te suene muy lejano y quieras saltar directamente al siguiente capítulo, y claro que puedes hacerlo. Pero yo te animo a seguir leyendo y a hacerlo con atención, porque la realidad es que cuanto mejor te prepares para los inviernos, más abrigado estarás para sobrellevarlos sin ser su víctima.

¿Por qué permite Dios el dolor?

Si nunca escuchaste el término "teodicea" es bueno que a partir de ahora lo conozcas: se refiere a la discusión teológica y filosófica que aborda de manera racional la omnipotencia de Dios, sus atributos y la existencia del mal.

Por lo que sabemos, el término fue empleado por primera vez por el filósofo alemán Gottfried Leibniz hace un par de siglos en su libro *Ensayo de Teodicea,*[1] aunque se popularizó debido a la ironía del filósofo francés Voltaire, que se burló de Leibniz en su novela satírica *Cándido*. De todas maneras, más allá del término, la discusión está en la Biblia desde el principio, en libros tan antiguos como Job (que muchos eruditos de la Biblia creen que es anterior al pentateuco escrito por Moisés).

Lo cierto es que Dios permite el dolor, y la premisa más sencilla de la teodicea es que este es fruto simple y directo de nuestro libre albedrío.

Si podemos elegir bien, es porque podemos elegir mal, y esto es necesario para amar y ser amados, porque no hay manera de que esto ocurra sin que haya voluntad. Como dije antes, yo pienso que es por eso que el gran mandamiento es "Amarás al Señor" y no "Obedecerás al Señor", lo cual sería todavía más fácil, y Dios podría habernos obligado a hacerlo para simplificarlo.

1 *Ensayo de Teodicea*. Gottfried Leibniz. Ediciones Sígueme, 2013.

Sin embargo, creo que hay otra razón... y es que el dolor no es tan malo como suponemos.

En el libro *The Coddling of the American Mind* (El Mimo de la Mente Norteamericana),[2] Greg Lukianoff y Jonathan Haidt hacen una referencia que me permitió entender mejor algo del contexto escolar de mis hijos, que para mí siempre había sido una sorpresa. En Estados Unidos es muy común encontrarte con estudiantes que son alérgicos a los frutos secos como las nueces y, en particular, a los maníes (o cacahuates). Yo sabía de esto pero pensé que era algo ligero hasta que un compañero de Max comió manteca de maní por error y vi cómo se le hinchó la cara.

La verdad es que desconozco en cuántos países esto es algo serio, pero en Estados Unidos lo es, y mi mayor sorpresa se debió a que en todos mis años de escuela en Argentina (y siendo que fui a varias) nunca conocí a nadie que tuviera esta alergia.

Lo que estos autores cuentan es que en los años 90 se descubrió que uno de cada cuatro menores de ocho años en Estados Unidos tenía esta alergia, y por eso todo el sistema educativo comenzó a tomarse en serio el tema de poner etiquetas de advertencia en cualquier producto que

2 *The Coddling of the American Mind* (El Mimo de la Mente Norteamericana). Jonathan Haidt y Greg Lukianoff. Capítulo 1: La mentira de la fragilidad. Pag 19-24. Penguin, 2018.

pudiera tener nueces o maníes. Para el 2008, al volver a hacerse el mismo estudio, el porcentaje de alérgicos se había triplicado, con lo cual muchas escuelas directamente prohibieron el ingreso de estos frutos secos y sus derivados a sus instalaciones, aunque nadie entendía por qué esta alergia se estaba multiplicando de esa forma. El problema siguió avanzando hasta instalarse como algo común, pero la comunidad científica, intrigada, comenzó a estudiar por qué y cómo se había originado esto. Finalmente, en el año 2015 se publicó el *LEAP Study* (*Learning Early About Peanut Alergy*, que traducido sería algo como "aprendiendo tempranamente acerca de la alergia al maní"), que terminó de arrojar luz acerca de cómo es que esto había crecido tanto.

La metodología fue la siguiente: los investigadores reclutaron a 640 familias con bebés de cuatro a once meses que ya tenían tendencia a las alergias por tener brotes de eczema o haber ya manifestado otras alergias. Luego le pidieron a la mitad de las familias que evitaran a toda costa los cacahuates, nueces y demás frutos secos, y a la otra mitad de las familias les dieron un snack hecho de manteca de cacahuate para que les dieran a sus hijos al menos tres veces por semana. Los investigadores siguieron con cuidado a estas familias durante tres años, al final de los cuales estos niños fueron parte de un amplio estudio acerca de sus alergias.

Los resultados fueron sorprendentes. Entre los niños que habían sido "protegidos" de los cacahuates, el 17% era alérgico, mientras que entre los que no, solo el 3% resultó serlo. De esta manera se tuvo que llegar a la incómoda conclusión de que la razón por la cual se había multiplicado la alergia a los maníes fue la sobreprotección en las escuelas y hogares que se había dado desde los años 90.

¡Tiene sentido! Es más, en el fondo, es el mismo principio básico de las vacunas. Nuestro sistema inmunológico es un milagro de la ingeniería biológica divina. Puede anticipar patógenos y parásitos que los niños se van a encontrar en la vida, y a aquellos que no puede anticipar automáticamente se los podemos suministrar mediante el uso natural de nuestro intelecto, con el que hemos hecho el descubrimiento de las vacunas que pueden protegernos, no reduciendo las amenazas biológicas a nuestro cuerpo, sino exponiéndonos a dosis microscópicas que disparan la atención de nuestro sistema inmunológico para que se prepare a enfrentarlas. Así es básicamente como se ha erradicado, por ejemplo, la temida parálisis infantil (o "poliomielitis") que aterrorizó a nuestros abuelos, bisabuelos y ancestros hasta los años 80.

Ahora, mastica el concepto fundamental.

Un poco de enfermedad y menos sobreprotección previenen escenarios peores.

De hecho, en las aulas de las universidades de medicina, a esto hoy se le conoce como la "hipótesis de la higiene".

Alison Gopnik la explicó así en un artículo del The Wall Street Journal: *"Gracias a la higiene, a los antibióticos y a que los niños ya no pasan tanto tiempo jugando afuera, su sistema inmunológico sobrerreacciona a sustancias que no son esencialmente amenazantes, causando alergias. Debemos entender que al proteger a los niños de todos los riesgos posibles, podemos llevarlos a reaccionar con miedo exagerado ante situaciones que no tienen ningún riesgo y aislarlos de las habilidades adultas que algún día tendrán que dominar".*[3]

Así como pasar un mes en cama lleva a los músculos a entumecerse y atrofiarse, y a los sistemas fisiológicos incluso a dejar de funcionar, todos nosotros necesitamos puntos de fricción. O, en otras palabras, algo de dolor.

---

3 *Should we let toddlers play with saws and knives?* (¿Deberíamos dejar que los niños pequeños jueguen con cuchillos y sierras?) The Wall Street Journal, agosto 31, 2016.

El regalo del dolor

Mi querido Philip Yancey, con quien he mantenido un diálogo abierto a la distancia por muchos años, escribió un libro junto al Dr. Paul Brand, quien es un reconocido especialista en lepra, cuya primera edición se llamaba *Pain: The Gift Nobody Wants* (Dolor: el regalo que nadie quiere)[4]. La lepra hoy obviamente no es una enfermedad tan extendida como en los tiempos de Jesús, pero leer lo que escribieron me dio nueva luz acerca de lo que significaba.

Después de formarse como cirujano ortopédico en Inglaterra, el Dr. Brand pasó la mayor parte de su carrera médica en la India, donde hizo un descubrimiento espectacular sobre la lepra. Una cuidadosa investigación lo convenció de que las terribles manifestaciones de esa cruel enfermedad (falta de dedos en manos y pies, ceguera, úlceras en la piel y deformidades faciales) todas se remontan a la única causa de… la ausencia de dolor.

Sí, leíste bien. La lepra silencia los nervios, y como resultado sus víctimas se destruyen sin saberlo, poco a poco, porque no pueden sentir dolor.

Así que, *¿qué estaba haciendo Jesús al sanar a los leprosos?*

Restaurándoles la capacidad de sentir dolor.

---

4 Las siguientes ediciones se llamaron *The Gift of Pain* (El Regalo del Dolor). Paul Brand y Philip Yancey. Zondervan 1997.

¿Para qué?

Para protegerlos.

Bajando esta verdad a nuestras vidas, obviamente no estamos hablando de un dolor que nos mate, pero sí de un dolor que nos enseñe a vivir protegiéndonos de la insensibilidad hacia el dolor de otros.

¿Te imaginas cuán insensibles seríamos si nuestras vidas fueran perfectas? ¡No podríamos entender ni la gracia ni la misericordia! Por eso Dios permite que pasemos por diversas pruebas.

Santiago incluso nos exhorta a gozarnos en ellas, ya que pueden producir buenos frutos en nuestra vida. Mira con atención:

> *"Hermanos míos, que les dé gran alegría cuando pasen por diferentes pruebas, pues ya saben que cuando su fe sea puesta a prueba, producirá en ustedes firmeza. Y cuando se desarrolle completamente la firmeza, serán perfectos y maduros, sin que les falte nada".*
>
> (Santiago 1:2-4)

¿Es esto un consuelo de tontos? ¿Significa que debemos invitar al dolor a nuestra vida? No. Lo que debemos tener es la certeza de que no siempre el dolor será algo que podamos controlar, pero siempre será posible sacar algo bueno de él.

Recuerda estas palabras del salmista:

> *"Señor, tú me has examinado el corazón y me conoces muy bien. Sabes si me siento o me levanto. Cuando estoy lejos, conoces cada uno de mis pensamientos. Trazas la senda delante de mí, y me dices dónde debo descansar. Cada momento sabes dónde estoy. Sabes lo que voy a decir antes que lo diga, Señor. Por delante y por detrás me rodeas, y colocas tu mano sobre mi cabeza".*
>
> (Salmos 139:1-5)

¡El creador de las estrellas conoce tus necesidades! Esto no significa que Él vaya a responder a todos tus pedidos afirmativamente, pero sí que va a darte todo lo que necesitas, incluso si no es lo que quieres.

El que nosotros comprendamos esto genera dentro nuestro algo peligrosísimo para el reino de las tinieblas, y es nada menos y nada más que *agradecimiento*. Una actitud interior de margen.

Y mira lo que añade Santiago:

> *"Dichoso el que permanece firme durante la prueba, porque cuando la supera, recibe la corona de la vida que Dios ha prometido a los que lo aman".*
>
> (Santiago 1:12)

La vida nos da golpes, y no siempre esos golpes tienen que ver con lo que hicimos, sino con la naturaleza caída de otros.

No todo lo malo que nos sucede es un contragolpe de la vida, o algo que nos merecemos o causamos.

No siempre el dolor será algo que podamos controlar, pero siempre será posible sacar algo bueno de él.

9

LA PALABRA MAL ENTENDIDA

Si hay una palabra que hemos incomprendido por mucho tiempo y que es un gran regalo para la vida es la palabra "rutina". Una rutina inteligente, vigorosa y balanceada es clave para cada área de nuestras vidas. La rutina tiene que ver con el ritmo, y si puedes leer estas palabras es porque tu corazón lo tiene. El ritmo cardíaco es estable, aunque no siempre constante. Necesita acelerarse y descansar, pero es un ritmo, y responde mejor cuando sus movimientos son armónicos, lo cual equivale a… rutinas.

Un par de capítulos atrás mencionamos los ciclos ultradianos, un descubrimiento muy interesante porque hasta hace no muchos años se asumía que nuestro funcionamiento era lineal: si dormíamos bien, nos despertábamos con energía, y luego esta se iba apagando hasta que nos íbamos de nuevo a dormir (aunque esto podía alterarse un poco, en un sentido u otro, por algunos estímulos externos, como el café o un sermón aburrido). Hoy, en cambio, sabemos que hay ciclos dentro de ese ciclo que, aunque pueden alterarse con estímulos externos, vienen de adentro. Y para hacer nuestro trabajo más productivo y creativo necesitamos sincronizarnos con estos ciclos, es decir…. tener rutinas inteligentes.

Puede que no hayas oído hablar de los ritmos circadianos y ultradianos antes, así que te cuento un poco más.

Los ritmos circadianos son los que marcan nuestros días y duran veinticuatro horas. Influyen en nuestra conducta, en nuestras hormonas y en nuestro sueño, entre otros procesos. En 2017 los investigadores que los estudiaron (Jeffrey C. Hall, Michael Rosbash y Michael W. Young) recibieron el Premio Nobel de Medicina por sus descubrimientos sobre los mecanismos moleculares que controlan estos ritmos.[1]

Los ritmos ultradianos se refieren a las actividades biológicas que ocurren en ciclos fisiológicos de veinte horas o menos, e influyen en muchas de nuestras conductas. Por ejemplo, los ritmos ultradianos influyen en la capacidad

1 t.ly/Lybz

de concentración de nuestro cerebro, que puede hacerlo en forma óptima por un lapso de entre 90 a 120 minutos, y luego necesita una pausa. Este ciclo fue descubierto por Nathan Kleitman, un investigador del sueño, ya que este patrón tiene incidencia incluso en cómo dormimos.[2]

Te animo a leer más sobre esto porque es fascinante y desde ya te adelanto que todo lo que se ha descubierto al respecto confirma la importancia de que aprendamos a manejar bien nuestras rutinas.

DIOS TENÍA ALGO EN MENTE AL USAR A UNA SEMANA COMO REFERENCIA PARA LA CREACIÓN.

Planes ideales y compensaciones

¿Cómo se vería tu semana ideal?

No digo mes ni día porque creo que Dios tenía algo en mente al usar a una semana como referencia para la Creación.

Creo que al poder visualizar con claridad la rutina ideal de una semana, podemos crear una maqueta de esa rutina, y pasar así de ver un plan completo al análisis de sus partes

2 t.ly/cvl-

(cada día que la compone) y multiplicarla con mayor facilidad para planificar meses, y luego trimestres, semestres y el año entero, intercalando pausas saludables (vacaciones).

Los planes son enormemente importantes y me parece ridículo que en algunos sectores del cristianismo se haya insistido con que no son buenos para la espiritualidad, porque la realidad es precisamente la opuesta.

Una persona espiritual sigue esta recomendación de Jesús:

> *"Supongamos que alguno de ustedes quiere construir una torre. ¿Qué tendría que hacer primero? Tendría que sentarse a calcular el costo, para ver si tiene lo suficiente para terminarla, porque si echa los cimientos y después no puede terminarla, todos los que la vean se burlarán de él".*
>
> (Lucas 14:28-29)

Incluso la mujer excepcional de Proverbios 31 es un ejemplo de alguien cuya planificación es *clave* para una buena mayordomía. Ella trabaja duro, gasta sabiamente y planifica para el futuro.

Ahora recuerda: el punto no es simplemente ser más productivos en términos laborales, o incluso ministeriales, sino disfrutar más de la vida mientras hacemos todo eso.

Reducir el estrés, las deudas y la ansiedad, y agregar más tiempo para las relaciones importantes. Dejar de preocuparnos tanto por acumular cosas y por impresionar a los demás, y comenzar a ocuparnos de cómo vivir una vida mejor.

Otro aspecto vital es que el plan "ideal" también debe ser realista. Demasiadas personas fallan en sus intentos de crear rutinas saludables porque, o no planifican o solo lo hacen en diciembre, y con un montón de metas inalcanzables para comenzar a perseguir en enero.

Parte de ser realistas es saber que habrá interrupciones, accidentes y excepciones, y también deberemos planear para estas facetas de la vida. En nuestra familia, por ejemplo, tenemos una noche familiar los jueves en la que hacemos devocionales, pero que si un jueves no logramos hacerlo, no nos desesperamos, sino que simplemente continuamos con la rutina al siguiente jueves. Esto pareciera ser simple de asimilar, pero muchas personas tienen el problema de frustrarse demasiado pronto cuando no logran hacer algo que se habían propuesto, y por eso tiran las rutinas por la ventana con demasiada facilidad.

La siguiente idea clave es establecer compensaciones. Esto no puede ni debe hacerse con todo, pero sí con las prácticas más valiosas. Siguiendo con el ejemplo de los devocionales semanales de mi familia, si pasaron dos jueves que no pudimos juntarnos, ya todos sabemos que recuperaremos un devocional un sábado o un viernes. Al darte este ejemplo, sé que corro el riesgo de que pienses que esto es posible en mi familia porque somos "demasiado espirituales", y en la tuya no será posible porque no lo son tanto, así que te cuento que desarrollar este hábito llevó mucha insistencia, discusiones, reclamos, ceños fruncidos y alguna que otra amenaza. Pero la consistencia (rutina) fue establecida, y hoy ya lo tenemos incorporado porque es parte de nuestra cultura familiar, y los reclamos y las distracciones perdieron su *momentum*.

Los hábitos se apilan

En su libro *Atomic Habits* (en español, *Hábitos atómicos*) James Clear desarrolla la idea de que la manera más robusta de crear buenos hábitos y agregarlos con mayor facilidad a nuestras vidas es apilarlos encima de los hábitos inconscientes que ya tenemos. Por ejemplo, si queremos hacer ejercicio en las mañanas, la manera más poderosa de reforzar ese hábito es ponernos la ropa de ejercicio al levantarnos. Y a su vez, si queremos que eso ocurra, es mejor que la noche anterior ya dejemos esa ropa a la vista. La idea es simple: si te pones otra ropa para desayunar y después tienes que ir a cambiarte para salir al gimnasio, le agregaste un paso innecesario al plan, y además estás desperdiciando la fuerza del automatismo, ya que de todas formas tenías que vestirte.

Crear hábitos desde cero es mucho más difícil que apilarlos sobre las rutinas que ya tenemos, y todos tenemos algunas, aunque sean tan simples como irnos a dormir cada noche, despertarnos por la mañana o ir siempre por el mismo camino al trabajo o a la escuela de los niños.

Solemos creer, debido a nuestra naturaleza y a los mensajes elocuentes de los motivadores contemporáneos que la refuerzan, que un éxito sobresaliente siempre necesita de acciones sobresalientes. Seguro lo viste en alguna película o tal vez hasta lo escuchaste en algún sermón: "Resultados extremos demandan medidas extremas" (esto se debe pronunciar con cara de *gangster*). ¡Pero esto es para las excepciones, no es la regla para la vida cotidiana!

> NO IMPORTA CUÁL SEA LA META, SE LOGRA CON PASOS PEQUEÑOS Y NO CON MEDIDAS EXTREMAS.

No importa cuál sea la meta, ya sea ahorrar, perder peso, pasar más tiempo en familia, leer más o escribir un libro, todo eso se logra con pasos pequeños y no con medidas extremas.

Este libro, por ejemplo, no se escribió en un par de noches alocadas llenas de inspiración repentina junto a una jarra de café Juan Valdez (aunque eso me tienta), sino con una rutina de poner mi "*derrière*" en una silla y, durante algunas jornadas, y en horas previamente escogidas para escribir, tener un archivo de Word abierto (y el email cerrado y el teléfono alejado).

Avanzar un uno por ciento en cualquier dirección puede ser imperceptible, pero si somos constantes, eventualmente hará una diferencia astronómica en nuestro posicionamiento. De hecho, si todos los días pudiéramos mejorar en cualquier tarea solamente un uno por ciento, eso quiere decir que al cabo de un año seríamos 36,5 veces mejores en esa tarea.

Llegó la hora de aprenderlo: nada bello nace grande. En todas las ciudades del mundo nacen bebés, y no empresarios, ni cirujanos, ni pastores exitosos.

Siempre, siempre, siempre, el crecimiento y el desarrollo orgánico son graduales. Si un crecimiento no es gradual, entonces es artificial, y solo va a durar mientras exista determinado estímulo externo. Por eso, en este libro no te insistí con las técnicas populares de administración del tiempo, sino que fuimos a la raíz de nuestras aspiraciones y hablamos más de cambios internos que de externos.

El impacto de los buenos hábitos no siempre es visible a primera vista, ya que sucede en partes de nuestra vida que a veces son tan pequeñas que son imperceptibles, pero en la perspectiva de la trayectoria hacen una diferencia descomunal.

La voz del perfeccionismo puede decirte que no eres la mejor persona con esto, pero tienes que callar esa voz porque tú ya tienes hábitos sobre los que es posible añadir pequeñas mejoras. Y volviendo a lo de ser realistas, también debes saber que habrá días en los que no podrás avanzar, o incluso en los que irás en sentido contrario, pero no puedes darte el lujo de dejar de intentarlo por eso. Retomando el ejemplo de cómo escribí este libro, lo que yo aprendí es que si por cinco días seguidos pude escribir, no quiere decir que si el sexto y el séptimo no me sale nada debo rendirme, sino que debo volver a leer lo que ya escribí y dejar mi *"dietro"* (ahora te lo dije en italiano) ahí para que la inspiración me encuentre trabajando.

Los buenos hábitos forman rutinas positivas, y ellas son tus aliadas, así como tus rutinas negativas son tus enemigas autocreadas.

La rutina no tiene nada que ver con el aburrimiento sino con simplificar las tareas. Por eso creo que hablar de rutinas puede ser todavía más provechoso que hablar solamente de metas. Aun si algo te sale automáticamente, lo puedes mejorar, sobre todo si lo puedes ver en partes pequeñas.

Por ejemplo, si eres una persona emprendedora y tu meta es crear un negocio que pueda sostener a tu familia, o incluso si tienes un número específico en mente (como por ejemplo producir un millón de dólares en ventas al año para crear más empleos), tendrás que trabajar tus rutinas de producción, contratación de empleados, mercadeo y ventas... y estas partes más pequeñas son las que definirán que llegues o no a la meta.

Me da tristeza ver que, en algunos de nuestros círculos cristianos, ingenuamente se predica que la clave es meramente tener metas audaces (soñar en grande) porque eso es sinónimo de fe.

No.

Todos los corredores quieren ganar la carrera. La meta es la misma para todos, pero no todos ganan.

Lo que debemos aprender con urgencia es que, aunque tener metas claras y llenas de fe es importante, no es que nos elevaremos al nivel de estas sino que (si no las mejoramos) continuamente descenderemos al nivel de nuestras rutinas.

Entre la memoria y la convicción

Antes mencioné a tu perfeccionismo como una voz que sabes que debes silenciar, y ahora denuncio a otra: la voz de la memoria.

La tuya y la de tus seres queridos.

NI SIQUIERA EL DESÁNIMO QUE PRODUCE EL QUE OTROS NO RECONOZCAN NUESTROS PEQUEÑOS ESFUERZOS ES UNA RAZÓN PARA DEJAR DE INTENTAR CAMBIAR LO QUE SEA NECESARIO.

Hace poco tuve que consolar a un esposo frustrado porque su esposa le había dicho que "siempre traía su computadora a la cama", aun cuando él no lo había hecho por más de un año. Él me aseguraba que había decidido dejar esa costumbre hacía mucho tiempo, y lo había cumplido religiosamente por más de un año, pero que en una noche en que estaba haciendo algo especial la trajo, y al día siguiente su esposa se lo reclamó con un dramático "siempre" que lo había desanimado mucho. Yo le explique que esto era entendible. Su esposa podía idealmente haber notado su esfuerzo y haber evitado la palabra "siempre", pero si él había hecho eso por quince años, era normal que en la memoria de su esposa estuviera instalada la foto emocional de él haciendo eso, y un año de no hacerlo no se compara con los quince años en los que lo había hecho. Le hice ver que lo más probable es que él hubiera hecho lo mismo, ya que todos estamos condicionados por nuestra… memoria.

Pero hay un mejor camino, y es el de la convicción.

La memoria te puede decir que te hagas la fama y te eches en la cama, porque nada en la percepción de otros respecto de ti va a cambiar. Pero la verdad es que, independientemente de cuántas veces hayas hecho o dejado de hacer algo, e independientemente de lo que otros recuerden, tú debes hacer lo que es correcto y dejar de hacer lo que te lastima. Sin excusas.

Ni siquiera el desánimo que produce el que otros no reconozcan nuestros pequeños esfuerzos es una razón para dejar de intentar cambiar lo que sea necesario.

Como padres a veces hacemos eso, y sin querer lo vamos instalando en la cultura de nuestros hijos. Ellos intentan mejorar algo, pero al menor desliz les recordamos sus errores pasados, y así les confirmamos emocionalmente que hacer eso, o dejar de hacerlo, es parte de su identidad, y que no vale la pena el esfuerzo de tratar de cambiarlo.

En los matrimonios pasa muy seguido, y en el liderazgo también. A mí siempre me ha costado mantener mi compostura emocional cuando quiero discutir algo que se debe solucionar y la otra persona me reclama algo que sucedió hace mucho tiempo... ¡y más cuando no tiene ninguna conexión directa con lo que estamos necesitando hablar! Es parte de la naturaleza humana, pero debemos corregirlo. Discutir desde la memoria es intentar cambiar el pasado, y ya sabemos que eso es imposible de cambiar, así que es infructuoso intentarlo.

Por el otro lado, debemos aprender a no detenernos cuando sabemos que estamos haciendo lo que debemos, aun cuando otras personas no noten nuestros esfuerzos. Por todo esto es que es tan orgánicamente fundamental estar seguros de por qué queremos lo que queremos, gastamos lo que gastamos y hacemos lo que hacemos.

Nuestros seres queridos serán los primeros beneficiados por nuestras pequeñas mejoras conscientes, y en segundo lugar lo serán nuestros liderados. Y aunque es cierto que sería muy alentador que todos ellos tomen nota de nuestros esfuerzos cuanto antes, debemos ser conscientes de que las percepciones cambiarán *después* de que logremos cambiar nuestra realidad, y no solo porque tengamos el *deseo* de hacerlo.

10

La libertad hoy está devaluada. La comprendemos de manera infantil. Luego de siglos de guerras y sangre por conquistarla comenzamos a acostumbrarnos a besarla, y finalmente dejamos de cuidarla y empezamos a abusarla.

Se nos hizo algo asumido, que damos por sentado, barato y que si lo perdemos, es fácil de recuperar. Pero no, no lo es. Es difícil de recobrar. Demanda verdad, rebeldía, descaro, estrategia, intencionalidad y mucha perseverancia.

La libertad es definitivamente algo que Jesús quiere que tengamos (Lucas 4:18), y en abundancia (Juan 10:10), porque en lo más insondable de nuestro ser la anhelamos como el colibrí al néctar, mucho más de lo que somos conscientes.

Jesús pagó a precio de sangre nuestra libertad de la muerte eterna, algo que no podíamos hacer por nosotros mismos, y desde allí nos convocó a la vida. Cómo la abrazamos es una cuestión de mayordomía.

Comprar margen cuesta dinero, e incluso puede costar prestigio y poder. Por eso no voy a terminar este libro diciéndote que es posible tenerlo todo. Sería engañarte. Es como con la libertad, e incluso la gracia, que se pagó con precio de cruz. Siempre hay un precio.

La artimaña sutil de la esclavitud contemporánea es que el dinero, el prestigio y el poder pueden "prestarte" algo de margen. Ellos crean para ti una "ilusión de seguridad". Pero el porcentaje de interés es demasiado alto. Todo el aparato de consumo tratará de venderte que tiene un rédito legítimo y duradero, y de a ratos intentarás convencerte de que vale la pena creerle. Pero es mentira. El margen prestado por esas fuentes siempre será efímero, porque viene de bocas que demandan.

Por eso necesitamos libertad. Margen.

Por si todavía no lo habías notado, son términos diferentes para referirse al mismo capital.

Lo contrario de una vida con margen es la esclavitud, y vaya que esta te llena de ansiedad, te irrita, te endeuda, te enferma y te roba la paz y las relaciones.

Quizás te suene fuerte usar la palabra "esclavitud", pero el mismo Jesús dijo que no se puede servir a dos señores. O amamos a uno y somos libres del otro, o amamos al otro y no nos rendimos al primero (Mateo 6:24). Por eso termino este libro con una pregunta:

¿Quién es tu Señor?

Es normal desear riquezas, bienestar y tener un buen nombre, y claro que no es una mala aspiración, pero si esas aspiraciones te gobiernan...

Si la búsqueda de dinero, de prestigio o de poder te roba la paz y te deja sin margen, es porque estas cosas te han esclavizado.

Si pasas horas mirando algo en Internet, ese algo te hará creer que es una necesidad. Ganará *momentum* en tu atención y llegarás a codiciarlo.

La diferencia aparente entre querer los símbolos del éxito como herramientas de administración, y que nos gobiernen, puede ser imperceptible desde afuera para el ojo ingenuo. Incluso desde adentro a veces podemos pretender autoengañarnos. Por eso quizás la clave esté también en preguntarnos "¿Para qué los queremos exactamente?". Esa motivación tiene mucho que ver con lo que su búsqueda nos provoca.

Los otros dos libros de esta trilogía (titulados *Oxígeno* e *Influencia*) hablan acerca de la adoración y del efecto que producimos en otras personas, y es que creo que el margen, una vida de adoración y ser la clase de influencia que Dios quiere que seamos, conforman juntos una cuerda de tres hilos prácticamente imposible de romper.

Cuando Jesús está en el trono de nuestra vida nuestra carga es ligera, porque hay quietud en nuestro corazón. Estamos complacidos, aun sin tener todo lo aparente. Tenemos el oxígeno necesario para llevar las cargas y contamos con la fuerza muscular para hacer los esfuerzos. Al alinearnos con su plan redentor encontramos esa identidad sostenida en su gracia que no necesita ya ganar nada, ni demostrar nada, y entonces lo que hacemos no es una obligación sino un deseo que brota desde el agradecimiento. *¿Notaste que las personas cansadas suelen decir "tengo que…"?* Por esta razón es que este libro no se trató meramente de que tengas menos ocupaciones sino más verdad en tu mente, más foco y paz en tu corazón y más resto en tu cuerpo. Luego, lo de cuánto te ocupes dependerá de ti, de tus posibilidades y de tus etapas en la vida, pero te suplico: cuida tu corazón y administra bien tu energía. Vive con margen.

Terminemos estas páginas leyendo Isaías 55. Pero te pido un favor más, y es que, si alguna vez ya lo leíste completo, lo leas ahora como nunca lo leíste antes. Respira pensando en que respiras. Hazlo con intencionalidad, y pídele al Señor que te hable en este texto al ir pronunciando sus palabras.

Ahora sí, léelo despacio:

> *"¡Oigan! ¿Alguien tiene sed? ¡Que venga y beba, aunque no tenga dinero! ¡Vengan, elijan el vino y la leche que gusten: todo es gratis! ¿Por qué gastar su dinero en alimento que no nutre? ¿Por qué pagar por víveres que no aprovechan? Escuchen y les diré dónde obtener buen alimento que fortalece el alma.*
>
> *Acudan a mí, y presten atención. Escuchen, porque está en juego su vida. Dispuesto estoy a firmar un pacto permanente con ustedes: hacer efectivas las promesas que le hice a David, mi rey amado. A él lo puse por testigo para guiar a las naciones en el camino de la justicia y de mis enseñanzas. De igual modo, ustedes también convocarán a las naciones, y estas acudirán presurosas; vendrán a ustedes por todo lo que el Señor, el Santo de Israel, ha hecho por ustedes, pues les ha mostrado su amor y los ha honrado.*
>
> *Este es el momento oportuno para buscar*

al SEÑOR. Ahora que está cerca es cuando deben llamarlo. Los que siempre buscan hacer el mal, que abandonen sus malos pensamientos y ese estilo de vida, y vuélvanse al SEÑOR, pues él siempre está dispuesto a perdonarlos; el SEÑOR es un Dios compasivo. Mis pensamientos y conducta son radicalmente diferentes a los de ustedes. Porque así como el cielo es más alto que la tierra, mi conducta y mis pensamientos son más elevados que los de ustedes.

Así como la lluvia y la nieve descienden del cielo y permanecen en la tierra para regarla, haciendo que la tierra dé grano y produzca semilla para el sembrador y pan para el hambriento, así es mi palabra. Yo la envío y siempre produce fruto. Realiza cuanto yo quiero y prospera en dondequiera la envíe. En gozo y paz vivirán. Montes y collados, árboles del campo, todo el mundo que los rodea, se regocijará. Donde hubo espinos crecerán abetos, donde crecían zarzas brotarán mirtos. Este milagro engrandecerá mucho el nombre del SEÑOR y será eterna señal del poder y del amor de Dios".

Donde hubo esclavitud, ahora habrá margen.

Si la búsqueda de dinero, de prestigio o de poder te roba la paz y te deja sin margen, es porque estas cosas te han esclavizado.

Cuando Jesús está en el trono de nuestra vida nuestra carga es ligera, porque hay quietud en nuestro corazón.

Bibliografía consultada

Llegar a decir que "leo y luego existo" podría parecer exagerado, pero ha sido una práctica en mi vida que me ha acompañado desde que no podía dormirme a la noche sin al menos leer unas páginas de algunos de los libros amarillos de la colección *Robin Hood* de libros clásicos de novelas y aventuras que tenía en mi niñez. Esos libros me atrapaban y los elegía según cuán valiente me sentía esa noche, aunque debo decir que las noches en que me sentía más intrépido es cuando abría mi Biblia ilustrada en la escena de la última plaga de Egipto, cuando mueren los primogénitos. ¡Para abrir esa Biblia en esa escena tenía que sentirme verdaderamente valiente! Y de alguna manera, todos esos libros tienen que ver con que haya escrito esta trilogía.

Sí. Yo sé que no es "normal" escribir una intro a una lista de bibliografía consultada, pero creí necesario hacerlo porque los libros que aparecen a continuación fueron los que me acompañaron como referencia constante mientras escribía estas páginas, pero la verdad es que todos los anteriores, hasta los de la colección *Robin Hood,* también colaboraron con que haya podido compartirte las reflexiones, incógnitas, dilemas y sugerencias de estas páginas.

Agradezco ahora a sus autores por acompañarme, desafiarme, ilustrarme y completar mis dibujos hechos palabras. Gracias a:

Amazon Publishing. *Manage Your Day-to-Day: Build Your Routine, Find Your Focus, and Sharpen Your Creative Mind.* (Administra tu día a día: construye tu rutina, encuentra tu foco y afila tu mente creativa). 2013.

Brand, Paul y Yancey, Philip. *Fearfully and Wonderfully Made.* (Temerosa y maravillosamente diseñado). IVP, 2019.

Clear, James. *Atomic Habits.* (Hábitos atómicos). Avery, 2018.

Comer, John Mark. *The Ruthless Elimination of Hurry.* (La eliminación despiadada del apuro). Waterbrook, 2019.

Deyoung, Kevin. *Super Ocupados.* Portavoz, 2013

Frazee, Randy. *Making room for life.* (Haciendo espacio para la vida). Zondervan, 2003.

Haidt Jonathan y Lukianoff, Greg. *The Coddling of the American Mind.* (El mimo de la mente norteamericana). Penguin, 2018.

Kertz Kernion, Anne. *Spiritual Practices for the Brain.* (Practicas espirituales para el cerebro). Loyola Press, 2020.

Lederer, Richard. *Crazy Language.* (Lenguaje loco). Pocket Books, 2010.

Scazzero, Peter. *El Líder Emocionalmente Sano*. Editorial Vida, 2016.

Swenson, Richard A. *A Minute Margin.* (Un minuto de margen). Navpress, 2003.

Taylor, Preston A. *Eclesiastés: Debajo del sol.* Unilit, 1993.

Tracy, Brian. *Master Your Time, Master Your Life: The Breakthrough System to Get More Results, Faster, in Every Area of Your Life.* (Domina tu tiempo, domina tu vida: el sistema innovador para obtener más resultados, más rápido, en cada área de tu vida). TarcherPerigee, 2016.

Valerga, Sergio. *La iglesia relacional. e625, 2021.*

Y tantos, tantos más.

Sigue en todas tus redes a:

SÉ PARTE DE LA MAYOR COMUNIDAD DE EDUCADORES CRISTIANOS

e6 25

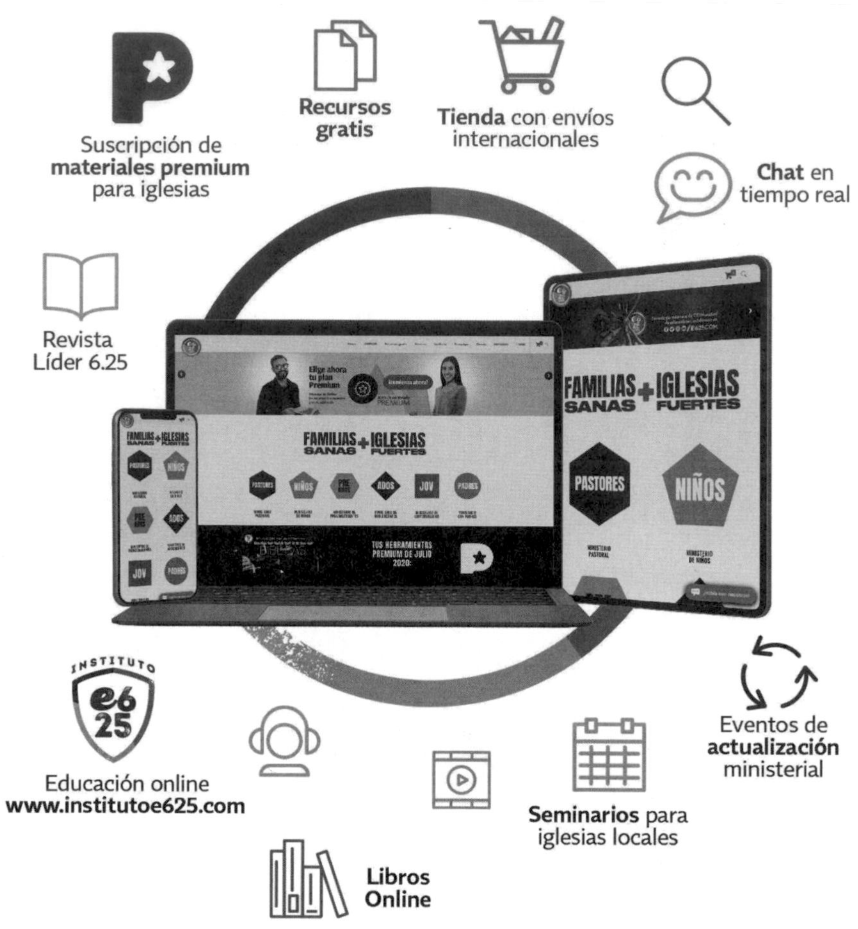
Suscripción de **materiales premium** para iglesias
Recursos gratis
Tienda con envíos internacionales
Chat en tiempo real
Revista Líder 6.25
INSTITUTO e6 25
Educación online **www.institutoe625.com**
Eventos de **actualización** ministerial
Seminarios para iglesias locales
Libros Online